W0187896

Norbert Scheuer · Überm Rauschen

Roman

C. H. Beck

Der Autor dankt der Kunststiftung NRW für die freundliche Unter-
stützung KUNSTSTIFTUNG ◎ NRW

Verlag C. H. Beck oHG, München 2009 / Gesetzt aus der Janson Text
bei Kösel, Krugzell / Druck und Bindung: Pustet, Regensburg / Ge-
druckt auf säurefreiem, alterungsbeständigem Papier / (hergestellt
aus chlorfrei gebleichtem Zellstoff) / Printed in Germany / ISBN 978
3 406 59072 6   *www.beck.de*

Nicht hinterließ mir der Vater Gefilde, mit kräftigen Stieren
Sie zu bepflügen, nicht wolletragende Herden noch Kühe.
Arm war er selbst und pflegte mit Netzen, mit Angeln und
Haken
Fische zu täuschen, die zappelnden aus den Gewässern zu
ziehen.
Dieses Gewerbe ernährt ihn, und als er's mir übermachte,
Sprach er: «Du meines Betriebs Nachfolger und Erbe, so nimm
hier
Die ich besitze, die Schätze!» Und nichts hinterließ er mir
sterbend
Außer dem Wasser: Nur das kann mein väterliches Erbteil ich
nennen.

Ovid: Metamorphosen,
Drittes Buch (585, 590)

Für Elvira

1

In unserer Kindheit war für meinen Bruder und mich das ganze Haus voller Geräusche und Angst, nur das Rauschen des Wehrs, das sich hinter der Gaststätte befand, beruhigte uns. Abends lagen wir im Bett, glaubten, dieses Rauschen übertöne alles, und wir trieben wie leblos, mit ausgebreiteten Armen, langsam auf das rauschende Wehr zu, nur ein unendlicher Sternenhimmel über uns.

Doch das ist lange her; jetzt ist das Jahr 1996, ich bin mittlerweile fünfundvierzig, mein Bruder Hermann ist zwei Jahre älter. Es ist Frühherbst, das Laub beginnt sich zu färben, Erlenblätter taumeln von Uferbäumen, treiben im Fluss, in dem ich stehe und versuche, einen Fisch zu fangen. Ich trage Hermanns Angelsachen, seine bis unter die Brust reichende Wathose, den Fischkorb, die Weste, den Hut mit den bunten Köderfliegen, die er alle selbst gebunden hat, und seine Angelrute, eine schwarze über zwei Meter lange Glasfiber mit gelben Ringbindungen. Ich versuche, den großen Fisch zu erwischen, stelle mich aber ungeschickt an, werfe nicht zielgenau, sodass die Schnur sich verheddert, sie bleibt im Ufergestrüpp hängen, und ich verliere wertvolle Köder – wie früher, als ich mit Vater und Hermann zum Angeln ging. Damals verlor ich die Köder allerdings absichtlich, denn Angeln und der Fluss bedeuteten mir nichts. Für Hermann hingegen war es alles. In der Zeit, in der er nicht hier war, sondern zur See fuhr, redete er auf den Kassetten, die er uns schickte, andauernd von seinem großen Fluss. Ich dachte immer, der Fluss, die Fische und seine Alma würden ihm genügen, er wäre glücklich damit. Aber es war anders gewesen, wie sonst hätte es so weit mit ihm kommen können, dass sie ihn gestern Abend abgeholt haben – vielleicht ist er ja wirklich geisteskrank, und vielleicht sperren sie ihn für länger ein.

Alma gab mir gestern Abend, nachdem sie die Gaststätte hinter den letzten Gästen geschlossen hatte, Hermanns Angelausrüstung, sie meinte, mein Bruder hätte sie mir ohnehin geben wollen. Außerdem sagte sie, es wäre besser für mich, wenn ich einige Tage hierbliebe und nicht gleich wieder in die Stadt zurückkehrte. Ich denke, es ist auch für Alma gut, jetzt nicht allein zu sein. Sie war es, die mich angerufen und gesagt hatte, dass Hermann sich seit Tagen in seinem Zimmer eingeschlossen habe und mit niemandem reden wolle, sie hatte erzählt, wie sehr er sich in den letzten Monaten, seit dem Verschwinden der Holländerin, verändert habe, dass er immer sonderbarer geworden sei. Als ich mit ihr telefonierte, hörte ich im Hintergrund Gäste an der Theke. Alma flüsterte: «Ich glaube, dein Bruder ist krank, er redet dauernd von diesem alten Fisch – Ichthys –, weißt du noch, genau wie euer Vater damals. Sartorius meint, Hermann brauche Hilfe, aber dein Bruder lässt ja niemanden ins Zimmer und spricht auch mit keinem – auch mit Sartorius nicht, dabei hat der es doch immer gut mit ihm gemeint.»

Sie berichtete, Hermann habe sich zuletzt nur noch für seine Köder interessiert. Er angelte nicht mehr, sondern hockte nur von morgens bis abends am Fluss, beobachtete Mücken und Eintagsfliegen überm Wasser. Wenn er dann abends zurückkam, ging er hinter die Theke, trank Schnaps, gab Runde um Runde aus, erzählte wirre Geschichten, stellte sich auf den Tisch, schrie grundlos herum, grölte Lieder und hielt großspurige Reden, die an unseren Vater erinnerten. Er machte sich bei allen lächerlich, beschimpfte die Gäste und warf sie dann einfach aus der Gaststätte.

Alma bat mich, sofort zu kommen, sie wisse nicht mehr weiter. Auch meine Schwestern wollten kommen. Alma hatte sogar sie um Hilfe gebeten, obwohl Alma und meine Schwestern seit unserer Kindheit, seit Alma in unserer Gaststätte ihre Ausbildung gemacht hatte, wie Feuer und Wasser waren.

Ich nahm mir für einige Tage frei und fuhr nach der Arbeit mit dem Zug in die Eifel. Seit Jahren war ich nicht mehr zu Hause gewesen, hatte nur wenig von meinem Bruder und den Schwestern gehört. Zuletzt war ich nicht einmal mehr zu Mutters Geburtstagen und an Weihnachten nach Hause gefahren. Alles, was ich über meine Familie erfuhr, stammte von gelegentlichen Telefonaten mit Alma oder von den Kassetten, die Hermann mir weiterhin regelmäßig schickte, deren Inhalt aber immer verworrener wurde.

2

Die Tonkassetten, die Hermann mir all die Jahre über schickte, tragen Aufschriften wie: Sommerregen, Fluss, Gumpe, Kolk, Tumpf, Kessel, Nymphen, Einmündungsgebiete, Kies, Liebe, Schotter-, Flint- und Schilfbänke, Spiegel, flaches Gewässer, Kriege, Gradstrecken, Felsbänke, Vorstau, Flusskurven, unterspülte Ufer, überhängende Büsche, versunkene Bäume, Geruch des Wassers, Libellen, schlafende Fische – und immer wieder Kassetten mit der Aufschrift ‹Tresen›; auf denen ist nur ein Gewirr von Stimmen und das Gemurmel von Zehner zu hören, Geschwafel von Betrunkenen, Geräusche vom Kickerspieler, die knarrende Pissoirtür, Räuspern, Husten, Flüstern, Gegröle, Musikboxlieder; Kassetten über die Fischzucht, Milchner, Schwestern, Karibik, Schrottschiffe, Ozeane, unter dem Fluss, geheime Zuflüsse, Überschwemmungen, Rauschen, Ichthys, vom alten Fisch und andere seltsame Dinge. Wenn ich mal eine Kassette hörte, war es wie früher in der Kindheit, als ich im Bett lag und nicht einschlafen konnte, Geräusche aus der Wirtschaft vernahm. Hermann erzählte auf den Kassetten von Forellen, Äschen und Barben, die er mit der bloßen Hand fangen konnte. «Es gibt Fische, die sind so alt wie unser Fluss», sagt Hermann auf einer Kassette. Als ich das hörte, fragte ich mich: «Wie kann ein Wesen so alt wie unser Fluss sein, so uralt?»

Wahrscheinlich ist dies die Versteinerung des ersten fischartigen Wirbeltieres *(Anatolepsis)*, das in den seichten Meeren des Kambriums lebte, aus dem sich Millionen Jahre später die ersten Landtiere entwickeln sollten, die mit kräftigen Bauchflossen an Land krochen, Sauerstoff atmeten und deren Nachkommen irgendwann nicht mehr ins Wasser zurückkehrten. Nachkommen, von denen auch wir abstammen könnten. Auch in uns ist vielleicht noch etwas vom Geist dieses Fisches.

3

Ich stehe angelnd im Fluss, rieche wie früher in der Kindheit das Wasser, Dinge, die der Fluss mit sich trägt, als wäre
er eine alte Jacke, deren Taschen vollgestopft sind. Ich frage
mich, wieso ich eigentlich nach Hause zurückgekommen
bin, denke an unsere Familie, an meine Schwestern, die, als
ich gestern früh vom Altenheim kam, wo ich Mutter besucht hatte, zusammen mit Reese in der Küche hinter der
Gaststätte auf mich warteten.

Auf der Fahrt hierher hatte ich lange in Köln im Bahn-
hofsbistro gesessen, bis endlich um sechs Uhr die erste Re-
gionalbahn in die Eifel fuhr. Ich hoffte, dass ich meinem
Bruder irgendwie helfen könnte. Als ich in den Zug stieg,
war ich etwas betrunken. Ich hatte Alma zwar versprochen
zu kommen, wollte aber eigentlich nichts mehr mit meiner
Familie zu tun haben, einer Familie, die, so weit man es zu-
rückverfolgen kann, schon immer in der Eifel gelebt hat.
Tante Reese hatte uns früher einmal erzählt, dass nur zwei
Männer aus der Familie diesen Landstrich verlassen hatten,
das waren zum einen mein Onkel Jakob Arimond, der im
Krieg nach Sibirien verschleppt worden, dort aus einem
Gefangenenlager geflohen und zu Fuß bis nach Hause zu-
rückgelaufen war, zum andern mein Bruder Hermann, der
nach Jahren als Seemann auf allen Ozeanen dieser Erde
auch wieder zurückgekehrt war.

Anfangs waren unsere Vorfahren Bauern gewesen, die
nebenher eine Gastwirtschaft betrieben. Als Ende des 19.
Jahrhunderts die Bahnlinie durch die Eifel gebaut wurde,
die von Köln bis Trier an den Flüssen Urft und Kyll ent-
langführt, gaben sie die Landwirtschaft auf. Zunächst lebten

sie von den Arbeitern, die von überall her kamen, um den Westwall und die Stauseen zu bauen. Nach dem Krieg logierten in der Gaststätte meist amerikanische Soldaten, die in Prüm und an der Airbase bei Bitburg stationiert waren, zuletzt Handelsvertreter, Sommerfrischler und Angler, die bei uns einkehrten, um in unserem Fluss zu angeln.

Während ich noch unterwegs nach Hause war, weckte Alma die ersten Angler, sie standen auf, zogen sich an, gingen in Wathosen durch den Flur, auf dem sich auch Hermanns Zimmer befindet, mit schleppenden, knarrenden Schritten das muffige Treppenhaus hinunter und frühstückten in der Gaststätte. In meiner Kindheit war ich immer aufgewacht, wenn die Angler frühmorgens den Flur hinuntergingen und sich leise über die besten Fanggründe unterhielten. Hermann war schon lange vor den Anglern am Fluss. Ich holte mir seinen Schlafanzug, legte ihn auf mein Kopfkissen und roch daran: Wassergras, moosige Steine, versunkenes Laub – mit diesen Gerüchen schlief ich wieder ein, träumte, ich würde im Fluss treiben, träumte von Nixen und seltsamen Wasserwesen, bis Alma sich über mich beugte, mir ins Ohr hauchte, dass ich aufstehen und zum Frühstück kommen solle; manchmal legte sie sich zu mir ins Bett, ihre Fingerkuppen krabbelten kitzelnd über meinen Bauch. An der Zimmerdecke schimmerten Spiegelungen des unten am Haus vorbeiziehenden Flusses, darauf trieben wunderbare Dinge, die jetzt für immer verloren scheinen.

Damals gingen Hermann und ich oft mit Vater fischen. Wenn im Spätherbst Angler und Sommerfrischler abgereist waren, gehörte uns der Fluss allein. Für Vater schien das die schönste Zeit, er war meist gut gelaunt und seltener betrunken als sonst. Wir gingen mit ihm zur Stelle vor der Bahnunterführung, um Hechte zu angeln. Vater erzählte uns von Paul Maclean, einem berühmten amerikanischen Fliegenfischer, der nach dem Krieg in Westfalen als Helikopterpilot stationiert gewesen war. Vater war zu dieser Zeit mit Freunden unterwegs auf einer Radtour an der Werre. Als sie rasteten, kreiste ein Hubschrauber über ihnen. Dann sei er ein Stück den Fluss hinaufgeflogen, so tief, dass die Kufen fast das Wasser berührt und Wellen erzeugt hätten, die über das Ufer schwappten. Schließlich stieg der Helikopter wieder auf, wendete, kam zurück und setzte auf einer Wiese in ihrer Nähe zur Landung an. Während sich noch die Rotorblätter drehten und der Wind ihnen die Mützen vom Kopf fegte, sprangen zwei amerikanische Soldaten heraus. «Und weißt du, wer der eine von ihnen war?» Vater machte eine lange Pause, sah Hermann an – wenn er diese Geschichte in der Gaststätte zum Besten gab, blickte er in die Runde, wartete und posaunte schließlich: «Der große Paul Maclean, der andere trug nur seine Angelausrüstung, saß am Ufer, rauchte und trank. Ich habe mit Paul gefischt, der hat mir seine Rute geliehen und mir gezeigt, wie man's macht.» Maclean hatte Vater angeblich von den Flüssen in Montana erzählt, in denen er vor dem Krieg gefischt hatte. Vater besaß eine Köderfliege von ihm, die er in der Brusttasche seiner Weste immer mit sich trug. Später, nachdem Pauls Bruder Norman Maclean das wunderbare Buch über seinen Bruder und das Fliegenfischen geschrieben hatte, schickte er Vater eine Erstausgabe mit Widmung. Da es noch keine deutsche Übersetzung gab und Vater kaum Englisch konnte, übersetzte Hermann ihm das ganze Buch. Vater trug es immer bei sich, konnte es bald auch in englischer Sprache lesen, er blätterte oft am Ufer sitzend darin, zitierte mitunter ganze Passagen, die er auswendig kannte.

Doch wenn wir am Fluss ankamen, hörte Vater auf zu reden. Er hielt seinen Finger an den Mund, oder er legte die Hände an die Ohren, wie zu einer Muschel, um anzudeuten, dass die Fische jetzt alles hörten. Wir gingen zu den tiefen Stellen am Bahndamm oder am Wehr, wo das Wasser fast stillsteht und die großen Hechte ihre Reviere haben. Der Fluss war von bunten, schwimmenden Blätterteppichen bedeckt. Wir konnten dann nicht spinnfischen, da die Schnur auf den Blättern liegen geblieben wäre, der Köder sich nicht richtig hätte führen lassen. Da es kälter geworden war, die Sonne nicht mehr bis auf den Grund des Flusses schien und das Wasser nicht ausreichend erwärmt wurde, waren viele Unterwasserpflanzen verschwunden und damit auch die Beutetiere des Hechtes, der im Herbst hungriger und gieriger ist als zu anderen Jahreszeiten.

Als ich gestern Morgen im Zug saß und hierherfuhr, hoffte ich noch, dass Hermann sich mittlerweile besonnen habe und wie jeden Morgen die Frühstücksbrötchen für die Gäste geholt, Alma beim Eindecken der Tische geholfen und danach Bier-, Cola- und Weinflaschen aus dem Keller heraufgetragen habe, um sie ins Kühlfach hinter der Theke zu legen. Ich fragte mich während der Fahrt immer wieder, wieso er plötzlich aufgehört hatte zu fischen und nur noch diese Köder band, wieso er keine Fische mehr fangen wollte, mit Ausnahme dieses alten Fisches, dieser Schimäre, hinter der auch Vater schon hergewesen war. Auf manchen Kassetten, die Hermann mir geschickt hatte, sprach er davon, dass er mit mir angeln gehen wolle, so als würde erst das richtige Brüder aus uns machen. Aber ich habe ihm nie darauf geantwortet, für mich war das unwichtig. Auch gestern auf der Fahrt hatte ich immer wieder den Impuls zurückzufahren, bedauerte, dass ich wichtige Besprechungen versäumte. Ich wusste nicht, was ich eigentlich hier sollte, ich würde meinem Bruder doch nicht helfen können – zu lange haben wir in unterschiedlichen Welten gelebt –, auch wenn er mir immer wieder diese Kassetten schickte, die ich meist ungehört in einen Karton neben meinen Schreibtisch legte.

Der Zug fuhr aus Köln hinaus. Im Abteil saßen amerikanische Soldaten, die unterwegs zur Airbase waren, und junge Leute, die von einem Rockkonzert kamen. Die Bahn rollte durch Containerbahnhöfe, durch Vorstädte und immer weiter ins Umland. Saatkrähen flatterten über abgeernteten Feldern, es regnete, später schimmerte die Sonne durch die Wolken. Von Uferbäumen fielen Blätter auf das ruhig dahinziehende Wasser. Schulkinder kamen ins Abteil. Ich dachte, dass es nicht mehr lange bis zum Winter sein würde, wie schnell waren die Jahre vergangen, bald würde ich alt sein, nichts bliebe als verblassende Erinnerungen. Ich dachte, dass es schön sein könnte, im Fluss zu stehen und zu fischen. Ich nahm mir vor, Hermann als Erstes zu fragen, ob er mit mir fischen geht.

Als der Zug in unsere Gegend kam, stiegen Leute ein, die zum Wochenmarkt fuhren. Früher war an Markttagen immer viel Betrieb in unserer Gaststätte gewesen. Ich erinnerte mich, dass Tante Reese früher einmal gesagt hatte, während ihrer Jugend seien Leute aus dem weiten Umkreis zum Vieh- und Haushaltsmarkt hierhergereist. Damals seien die Geschäfte gut gegangen – auch nach dem Krieg, als amerikanische Soldaten in der Eifel stationiert waren. Reese erzählte damals auch von der Zeit vor dem Krieg: von Mausefallenhändlern, Wahrsagern und Wunderheilern, von Zirbes, der mit Ton- und Töpferwaren und selbst gereimten Liedern von Markt zu Markt zog, und von Jugendfreundinnen, die GIs heirateten und mit ihnen nach Amerika auswanderten, von Onkel Jakob, der an einem Markttag aus der Gefangenschaft zurückkam.

An solch einem Markttag waren Hermann und vielleicht auch ich, wie Reese meinte, gezeugt worden, von einem Mann, der den Bauern das von Bomben zersplitterte Holz ihrer Wälder abkaufte und an Holzfabriken weiterverhökerte. Später muss dieser Mann noch ab und zu in unserer Gaststätte aufgetaucht sein, wenn er mit dem Perseus, einem elektrischen Akupunkturgerät, durch die Eifel reiste. Mutter hatte ihn nicht heiraten wollen, er war bedeutend älter gewesen und hatte schon Frau und Kinder – «das war ein Dummkopf, nich' mal seinen Namen konnte er richtig schreiben», war Reeses Meinung. Mutter redete nie über ihn, alles, was wir über ihn wussten, stammte von Tante Reese. Mutter meinte, wenn Hermann oder ich sie nach unseren leiblichen Vätern fragten: «Es hat alles keine Bedeutung. Reese soll nicht so viel dummes Zeug reden.» Aber Reese hörte nicht auf Mutter und erzählte uns immer wieder Dinge, die wir nicht wissen sollten.

Der Zug fuhr dicht am Fluss entlang, ratterte durch Dörfer und am Zementwerk vorbei, in dem unser Vater und später auch Hermann notgedrungen gearbeitet hatten. Vater hatte als Hilfsarbeiter an den Drehmühlen und Klinkersilos geschuftet, immer dort, wo der Meister gerade jemanden für die Drecksarbeit benötigte. Er hasste diese Arbeit, aber er musste Geld hinzuverdienen, die Gastronomie brachte, besonders im Winter, nicht genug ein. Als er Mutter heiratete, dachte er, er könne nur noch angeln, müsse sich nebenher ein wenig ums Geschäft kümmern und abends in der Gaststätte einige Stunden gesellig hinter der Theke stehen. Aber er hatte sich getäuscht, wie in so vielen anderen Dingen.

Einige Kilometer vor unserem Städtchen wird das Tal so eng, dass sich zwischen die Gleise und Berghänge nur noch der Fluss zwängt. An die Sandsteinfelsen krallen sich Robinien, Kiefern und Eschen, deren Zweige bis zur Flussmitte reichen. Vater hatte uns erklärt, dass diese Bäume mit ihren Zweigen die Fische füttern, weil winzige Käfer von Zweigen und Blättern in den Fluss hinabfielen. Der Fluss ist an dieser Stelle sehr tief und scheint völlig stillzustehen. «Die Fische haben hier ihre Ruhe», hatte Vater uns erzählt.

Im Zug erinnerte ich mich, wie wir zum ersten Mal mit Vater Fliegenfischen gegangen waren. Er hatte uns frühmorgens geweckt, es war noch dunkel draußen. Als wir runterkamen, hatte er schon Kaffee aufgebrüht und Rührei gemacht. Wir hörten Radio, während Vater die Lokalzeitung las und wie immer über reaktionäre Artikel schimpfte; Vater fand alle Politiker korrupt und reaktionär, er war Anarchist, las Bakunin, Lenin und Max Stirner. Vater redete von der Weltrevolution, schimpfte darüber, dass es so nicht weiterginge, dass wir in einem System lebten, das den Kern seines eigenen Unterganges in sich trage. Ich frage mich jetzt, ob sich daran irgendetwas geändert hat.

Nachdem wir gefrühstückt hatten, gingen wir zum Fluss. Überm Wasser stieg Nebel auf. An Erlenzweigen hing glitzernder Tau. Graureiher hockten in den Baumspitzen. Vater lehrte uns vieles, so sagte er uns, wir müssten am Ufer leise auftreten, die Druckwellen unserer Schritte würden von der Uferböschung über das Wasser bis zu den Fischen gelangen, Fische hätten ein Organ, mit dem sie winzigste Erschütterungen wahrnehmen könnten, außerdem müssten wir auf unsere Schatten achten, aber wenn wir aus der Deckung eines Gebüsches angelten, würde der Fisch die Angelrute für einen Zweig halten. Wir stakten am Bahndamm entlang, mieden knirschenden Wegschotter, querten die Einmündungen kleiner Bäche, gingen an der Außenseite von Flusskurven, an Flinsbänken und Gratstrecken entlang, wo das Wasser schneller fließt, an Stellen mit versunkenen Bäumen, einem Gebiet mit Kieseln und steil abfallenden Uferregionen.

«Man nähert sich dem Fangplatz immer von stromauf, um von Fischen nicht zu früh wahrgenommen zu werden, die stehen immer mit dem Kopf gegen die Strömung, und man bleibt möglichst weit vom Uferrand weg. Je höher die Sonne steht, umso weniger nachteilig macht sich der Schatten bemerkbar, der Fisch sieht direkt in die Sonne und so nur verschwommen», erklärte Vater flüsternd.

Als wir zu unserer Angelstelle kamen, redeten wir nicht mehr. Der Nebel schwebte noch dicht über dem Fluss, darunter kam ruhig fließendes Wasser zum Vorschein, die Fische stiegen, und es bildeten sich Ringe, unendlich viele Ringe. Vater warf die Schnur mit der künstlichen Fliege vorsichtig ins Wasser, ließ sie ganz natürlich mit der Strömung auf das Versteck des Fisches zutreiben, oder er fächerte die Stelle mit Würfen ab, setzte Wurf neben Wurf. Wir sollten es auch versuchen, ich stand unbeholfen zwischen Vater und Hermann im Wasser. Vater brachte uns die Grundkenntnisse des Fliegenfischens bei, den zielgenauen Wurf, das langsame Abtreibenlassen des Köders, der eine Mücke, eine Larve oder den Bachflohkrebs imitiert.

Vater wollte uns alles über das Fischen beibringen. Für ihn war Fischen das Leben, in dem er allerdings immer nur verlor. Fischen sei List, Geduld, geheimnisvolle Grausamkeit, Schönheit und Glück. Er erwähnte in diesem Zusammenhang oft seinen amerikanischen Freund Paul Maclean, dessen Religiosität er allerdings nicht teilen könne. Vater war Atheist, er vertrat die Ansicht, die Existenz Gottes sei keine Bedingung für die Schönheit der Welt, womit er in erster Linie die Schönheit unseres Flusses meinte. Mich interessierte das damals nicht – auch nicht die Literatur von Berens und Renell und anderen Fliegenfischern, deren Bücher er uns zu lesen empfahl.

«Fischen ist die Beschäftigung mit winzigen, fast unsichtbaren Dingen. Dinge, die aus einer anderen Welt stammen und die man letztlich nur erahnen kann», dozierte Vater. Ich verstand nicht, was er uns beibringen wollte, vielleicht wollte ich es damals auch nicht verstehen oder wollte es, von dem Moment an, als ich erfahren hatte, dass er nicht mein leiblicher Vater war, nicht mehr von ihm lernen. Vater war es egal, dass wir nicht seine leiblichen Söhne waren. Er erklärte uns, auch die Forelle wisse nicht, wer ihr Vater oder ihre Mutter sei. Als Jungfisch müsse sie sogar darauf achten, nicht von ihren Eltern gefressen zu werden. Vielleicht stellte ich mich einfach nur ungeschickt an, ich weiß es nicht mehr. Meine Schnur verheddert sich ziemlich oft im Ufergestrüpp, ich verlor wertvolle Köder, hatte einfach nicht die Geduld. Meine Kleidung wurde feucht, und ich fror.

Als der Nebel sich auflöste und die Sonne auf dem Wasser schimmerte, sahen wir unzählige Ringe steigender Forellen. Die aufgehende Sonne glitzerte auf dem Wasser, in den Uferbäumen hingen Spinnennetze mit Tautropfen. Vater und Hermann wateten vorsichtig durch das Wasser, sodass möglichst wenig Schlamm und Schlick aufgewirbelt wurde. Sie standen in der Uferregion, warfen ihre Köder schräg zur Flussmitte aus, angelten stromabwärts, versuchten, die unteren Fische zuerst anzuwerfen. Hermann machte alles genauso wie Vater, er war damals schon ein guter Angler. Sie zogen die Köder mit kleinen Zupfern zurück. Über dem Wasser tanzte ein Glast von Mücken und Blütenstaub. Die Nymphen, deren Zeit des Ausschlüpfens gekommen war, stiegen langsam vom Grund zur Wasseroberfläche hoch, trieben einige Meter flussabwärts, bis ihre Hüllen platzten, krochen heraus, trockneten treibend ihre Flügel, bis sich ein Heer von Insekten in die Luft erhob und über dem Wasser tanzte. Ich glaubte damals, Vater und Hermann würden sich mit jedem Schritt, den sie weiter flussabwärts gingen, in diesen über dem Wasser glitzernden Partikeln auflösen. Es hatte den Anschein, als würden die beiden für immer verschwinden, in einer ewig während en, unsichtbaren Anwe-senheit die Beute des großen Fisches werden. Wenn ich je an etwas Übernatürliches, an einen Gott glaubte, dann in jenem Moment.

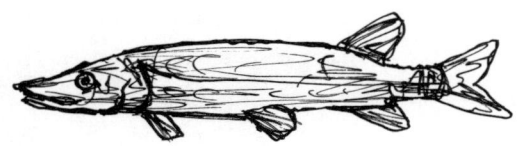

Der Hecht *(Esox lucius)* hat einen langen flachen Körper, eine entenschnabelförmige Schnauze und ein stark bezahntes, breites Maul. Verglichen mit dem großen Fisch, ist er jedoch trotz seiner Gefährlichkeit und Raubgier ein harmloser Geselle, der nur Fressgier kennt, grenzenlose Gier, selbst Artgenossen verschont er nicht. Der Hecht scheint dafür gemacht, denn sein Körper ist zur Tarnung gelb-olivgrün gefärbt, mit dunklen Querbinden an der Flanke. Er lauert regungslos in langsam fließendem Gewässer mit Stillwasserzonen, hinter Wasserpflanzen oder versunkenen Baumstämmen. Er ist so gut getarnt, dass andere Fische arglos nahe an ihn heranschwimmen, er stößt zu, packt seine Beute quer und dreht sie im Maul, um sie mit dem Kopf voran zu verschlingen.

4

Während ich hier mitten im Fluss stehe, fische und die Ge-
rüche des Wassers atme, die den Herbst schon mit sich führen, denke ich zum ersten Mal wirklich über meinen Bruder,
mich und unsere Familie nach. Ich hole die Leine ein, bündele sie und setze meine Brille auf, um einen anderen Köder
Hermanns ans Vorfach zu knüpfen. Ich erinnere mich an
unsere Kindheit und Jugend, an unsere Mutter, an ihre Art
zu reden, zu lachen, sich über andere und insbesondere über
Hermann lustig zu machen. Für Mutter waren Hermann
und ich nur Zufallsprodukte aus Liebesnächten nach an-
strengenden Markttagen hinter der Theke, mit einem der
Männer, die sie vielleicht gebraucht hatte, um ihren geliebten ersten Mann Valentin zu vergessen – sie hatte das einmal beiläufig erwähnt, als sie mit Reese in der Küche saß, sie
redete von ihrem langen Krankenhausaufenthalt nach dem
Unfall mit Valentin und dass sie die ganze Zeit über nicht
hatte glauben wollen, dass er tot sei. Sie sagte: «Die Kinder
hätt' ich nich' bekommen, wenn die mir damals nach dem
Unfall nich' versichert hätten, dass ich keine mehr kriegen
kann …» Als Mutter uns an der Küchentür bemerkte, lachte
sie verlegen, sagte, dass sie letztlich doch ganz froh sei, uns
zu haben. Ich glaubte ihr damals nicht, was Hermann dachte, weiß ich nicht; wir haben nie darüber gesprochen.

Hermanns Sprachfehler diente Mutter oft zur Belusti-
gung der Gäste; sie ließ ihn ‹Fischers Fritz fischt frische
Fische› aufsagen, und alle amüsierten sich über sein Lispeln.
Sie tat dann so, als hätte sie nichts mit ihm zu tun, als wäre
er irgendein x-beliebiges Kerlchen, das zufällig in der Gaststätte saß und eine Cola trank. Ich weiß nicht, warum Mut-

ter so verbittert und zynisch war. Reese, die sie schon als Mädchen gekannt hatte, sagte oft, dass nur ihre äußere Schönheit geblieben sei, nachdem sie Valentin auf so tragische Weise verloren hatte. Valentin war Reeses jüngster Bruder gewesen, und wenn er wie Tante Reese gewesen war, kann ich auch verstehen, warum Mutter so um ihn trauerte.

Mutter war eine schöne Frau, sie hatte dickes, kastanienrotes Haar und wunderbar grüne Augen. Manche Männer kamen nur in unsere Gaststätte, um an der Theke zu sitzen, sie anzusehen und sich vorzustellen, von ihr geliebt zu werden. Aber Mutter konnte seit Valentins Tod niemanden mehr lieben, und wenn sie uns etwas beigebracht hat, dann, keinen zu lieben.

Es gab in unserer Familie wenig Zeit für uns; immer standen die Gäste im Mittelpunkt, mussten bedient werden, zufrieden sein, damit sie wiederkamen und ihr Geld bei uns ließen. Wir alle haben daraus unterschiedliche Lehren gezogen, haben uns unterschiedlich entwickelt, sodass wir uns schließlich fremd wurden. So wie es uns damals schien, regierte in unserer Gaststätte nur Hinterhältigkeit, es gab keine Moral, alle Gäste waren, um es mit Vaters Worten zu sagen, an Land geschleuderte, zappelnde, erbärmliche Amphibien, es gab keinen schlimmeren und doch für diese Lektion geeigneteren Ort. Erfolgreich und angesehen waren diejenigen, die nicht nachdachten, nur skrupellos ihre Ziele verfolgten, die jeden Vorteil schamlos ausnutzten. Sie standen an der Theke, tranken, oft war es nur ein harmloses Wort, der Hauch einer Andeutung, mit dem ein Streit vom Zaun gebrochen wurde. Wurde es ernst, erboten sich die

Feiglinge, einen auszugeben, sagten, sie hätten das ja nicht so gemeint.

Hermann und ich lagen nachts oft wach im Bett und hörten diesen Lärm aus der Gaststätte, wir verstanden das Gerede nicht, hatten Angst, warteten darauf, dass es losgehen würde: sie sich prügelten oder Mutter mit einem ihrer Liebhaber die knarrende Treppe zu einem der Gästezimmer hinaufging, dass Vater betrunken genug war, um das nicht mehr ertragen zu können, und Streit mit Mutter suchte, sie schlug, dann nackt durch das Haus jagte, zur Mansarde, sich dort mit ihr einschloss und sie fickte, sie ebenso windelweich fickte, wie er sie zuvor geschlagen hatte. Trotzdem behaupte ich, dass mein Vater ein guter Mensch war. Wenn er keinen Alkohol getrunken hatte, war er ein kluger besonnener Mann, der sich in vielen Dingen auskannte, uns Kinder liebte und uns vieles beibrachte. Ich glaube, Vater trank nur aus Verzweiflung, weil er eine Frau liebte, die vorher einen anderen Mann so sehr geliebt hatte, dass sie jetzt niemanden mehr lieben konnte, die damals in ihm nur einen Vater für ihre zwei unehelichen Söhne gesucht hatte. Wenn Vater betrunken war, wurde er zu einer phantasievollen Furie, steigerte Mutters Eskapaden und Liebschaften ins Unermessliche. Mutter gab niemals klein bei, im Gegenteil, sie provozierte ihn bis zum Äußersten, bis er gewalttätig wurde. Die für mich noch geheimnisvollen Vorgänge nachts im Haus, Geräusche, die von der Gaststätte bis in unser Zimmer drangen, flößten mir schreckliche Angst ein, dann beruhigten mich nur die Geschichten meines Bruders und das Rauschen des Wehrs.

5

Als ich gestern früh in meinem Heimatort aus dem Zug stieg, um zunächst Mutter im Altenheim zu besuchen, begann es wieder zu nieseln. Ich überquerte die Bahngleise und lief die Straße entlang zum Stift. Die Märktler waren bereits auf der Spiegelstraße. Auf der anderen Straßenseite fuhr der Zug gerade in den Tunnelkopf. Im Café Simon, gegenüber vom Kronen-Hotel in der Fußgängerzone, saßen Wanderer. Auf der Treppe des Kronen-Hotels standen Jungen, einer von ihnen stieg auf sein Moped, ließ den Motor aufheulen, raste ein Stück die Straße hinunter, kreiste um den Sandsteinbrunnen mit dem Wappen der Salms und kehrte zu seiner Clique zurück. Wegen des Markttages hatten die Geschäfte früher als sonst geöffnet. Die Märktler eilten an Bekleidungsgeschäften vorbei, an alten Sandsteinhäusern, an der Gemeindeverwaltung mit dem Touristencenter, ich ging vor dem Marktplatz zum Stiftberg, zum Altenheim hinauf. Ich erwartete nichts von dem Besuch bei Mutter, wusste nur, dass sie einen zweiten Schlaganfall gehabt hatte und seither so krank war, dass sie nicht mehr zu Hause leben konnte. Ich hatte sie, seitdem sie im Stift lebte, nicht mehr gesehen.

Im Stift angekommen, erkundigte ich mich nach ihr. Sie saß im Aufenthaltsraum, klein und zierlich war sie geworden, hatte kurze graue Haare, unter ihren Haaren sah ich einen entzündeten Grützbeutel, das Kinn hatte sie sich aufgekratzt. In der Hand hielt sie ein zerknülltes Papiertaschentuch, wischte sich damit über den Mund und roch daran. Auf einer seiner Kassetten hatte Hermann erzählt, dass sie anfangs aus dem Altenheim weglaufen wollte, mit einem Rucksack, einem sogenannten Affen mit Kuhfell, wie ihn die Soldaten im Ersten Weltkrieg getragen hatten. Wenn sie so einen Affen hätte, würde sie weglaufen und draußen im Wald schlafen, sagte sie immer wieder und redete nur davon, dass sie Valentin suchen wolle. Sie war dann einmal tatsächlich weggelaufen.

Mittlerweile schien sie sich an das Heim gewöhnt zu haben. Eine Frau vom Küchenpersonal, die gerade den Frühstückstisch abräumte, nannte Mutter ‹Liebchen›. Mutter gegenüber saß ein Greis, der von Königsberg erzählte, wo er aufgewachsen war, sein Vater sei bei der Post gewesen und habe im Orchester Posaune gespielt. Er zeigte alte Fotografien von Königsberg herum, erzählte, dass sie gegen Ende des Krieges zu einem Onkel nach Koblenz geflohen seien, der eine Tabakfabrik besaß, nach Königsberg sei er nie wieder zurückgekehrt, dort hätten die Russen alles zerstört. Er zeigte Fotos vom alten Bahnhof, vom Marktplatz, vom Kant-Denkmal, vor dem er mit seinem Vater posierte. Plötzlich sagte er Kants ‹Kategorischen Imperativ› auf.

Ich ging mit Mutter auf ihr Zimmer. Ihre Nachtkommode war mit Binden und Klopapierrollen vollgestopft. An der Wand darüber hing ein Zettel mit Telefonnummern, die Alma ihr aufgeschrieben hatte. Alma war die Einzige, die Mutter noch regelmäßig besuchte. Auf dem Beistelltisch lagen Bücher, Zeitschriften, alte Postkarten, Fotografien von Valentin, ein Rekorder und einige von Hermanns Kassetten, die er von seinen Seereisen geschickt hatte. Früher in der Gaststätte hatte sie sich noch darüber lustig gemacht, hatte gesagt, dass sie das Geschwafel nicht hören wolle. Mutter nahm eine Kassette, legte sie ein und drückte die

Abspieltaste, wir hörten Hermanns lispelnde Stimme, die wegen des Lärms der Schiffsmotoren schwer zu verstehen war. Hermann redete von Stürmen, haushohen Wellen, von Containern, die sie geladen hatten und nach China brachten. Ich schaltete den Rekorder aus und versuchte, mit Mutter über Hermann zu sprechen. Sie starrte auf ihr zerrupftes Papiertaschentuch, roch daran und zerknüllte es nochmals, aber sie reagierte nicht. Auch als ich von den Schwestern redete, die ich bald zu Hause treffen wollte, sagte sie nichts, eigentlich hat Mutter nie etwas gesagt, wenn es uns betraf – alles mussten wir uns selber zusammenreimen, unser ganzes Leben ist eine mehr oder weniger von uns selbst erfundene Geschichte, ein Sammelsurium aus Worten und Stimmen, dem Gerede Betrunkener an der Theke unserer Gaststätte.

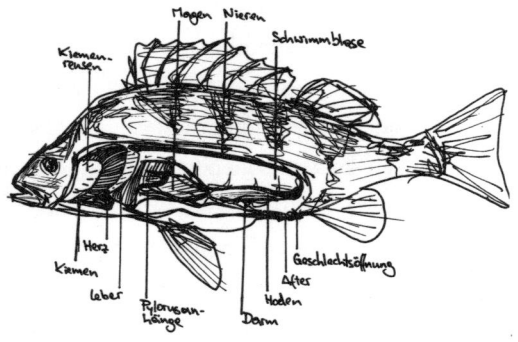

Das Herz der Fische ist groß wie eine Fingerkuppe, und es liegt unter den Kiemen. Alle inneren Organe des Fisches, Darm, Leber, Niere, Geschlechtsorgane, liegen in der schützenden Bauchhöhle des Rumpfes, die Schwimmblase in der Körpermitte, mit ihrer Hilfe können Fische im Wasser schweben. Einige Fischarten haben eine zweigeteilte Schwimmblase; im hinteren Teil ist mehr Luft. Die Sauerstoffversorgung erfolgt über die Kiemen. Dazu wird Wasser mit dem Maul aufgenommen und über die Kiemen zu den Kiemendeckeln transportiert. Die blutroten Kiemenblätter nehmen dabei den im Wasser befindlichen Sauerstoff auf und leiten ihn in den Blutkreislauf des Fisches ein.

6

Nachdem ich Mutter besucht hatte, ging ich zu unserem Gasthaus, einem zweistöckigen Haus mit Verzierungen an der Fassade, von der die Farbe abbröckelt, mit Gästezimmern, kleinen Balkonen, die wie Schwalbennester an der Bruchsteinmauer über dem Fluss kleben. Während der Frühjahrs- und Sommersaison sitzen Sommerfrischler, Motorradfahrer, Angler und Wanderer auf der Terrasse. Als ich gestern ankam, saß dort niemand, die Plastikstühle waren aufeinandergestapelt, und der Fluss, der unter der Brücke hindurchkriecht und an der Terrasse vorbeifließt, schimmerte schattig und roch wie nasses Fell. Ein grüner Kunststoffteppich lag auf der Terrasse, Kübel mit verdorrten Pflanzen standen an der Hauswand. Früher war dort ein Vestibül, eine Art Wintergarten gewesen. Hermann hatte, nachdem er von der Seefahrt nach Hause gekommen war, auf einer seiner Kassetten davon geredet, den Wintergarten wieder aufzubauen. In unserer Jugend hatten wir jedes Frühjahr mit Vater den Wintergarten an die Vorderfront des Hauses montiert, sodass man in der Saison den Gastraum durch diesen Anbau betrat. Als Hermann Jahre nach Vaters Tod vom Dienst auf den Containerschiffen zurückkam, lagen Reste des auseinandergenommenen Vestibüls im Schuppen, Holzpfeiler, Seitenwände und Fensterrahmen waren mittlerweile verrottet, und Hermann hatte kein Geld, um alles zu erneuern.

Von der Terrasse aus kann man zum Fluss hinuntersehen, bis zur Stelle vor dem Rauschen, wo das Wasser für die Zehnermühle abzweigt. Der Rauschen, so nennen die Leute auch heute noch das Wehr, weil das Wasser dort tosend in die Tiefe stürzt. Davor ist der Fluss breit, dort stehen immer noch große Forellen, die wir als Kinder mit dem Feldstecher vom Vestibül aus beobachteten. Auch gestern stand ich auf der Terrasse und hielt nach den Forellen im Fluss Ausschau, sah sie schließlich vor der Staumauer, zwischen dem dunkelgrünen, in der Strömung schlängelnden Wassergras. Sie lauerten auf Insekten, die, vom Regen aufs Wasser geschlagen, hilflos zappelnd abgetrieben wurden. Ich sah den Rauschen, das herabstürzende schäumende Wasser.

Früher, während der Saison, hatten viele Angler und Sommerfrischler im Haus übernachtet. Ich schlief dann, wenn alle Zimmer belegt waren, mit Hermann unter dem Dach in einer Mansarde. Wir öffneten abends das Fenster, und der Rauschen flutete in unser Zimmer, der Fluss schmeckte nach Pflaumen, reifen Äpfeln, roch nach schleimigen Kuhnasen, nach einem Sack ertränkter junger Katzen, nach Nebel und Abenteuern, für die es keine Sprache gab, Dinge, die uns stumm machten wie Fische und glücklich, am Fluss zu leben. Im Herbst logierten oftmals Pilger bei uns, deren Ziel Trier, der Heilige Rock oder die Sandalen Jesu waren, dann roch es nach Weihrauch und Myrrhe. In den Wintermonaten aber, wenn keine Gäste mehr im Haus waren, durften wir uns nach Belieben Zimmer aussuchen. Wir wählten immer welche zum Fluss hin, und immer schlief ich bei Hermann im Zimmer. Er las mir aus Büchern vor, oder er erzählte von Fischen, im stillen Wasser hinter den Brückenpfeilern, in den Strömungskanten und Gumpen am Rauschen unterhalb des Wehrs, von scheuen Äschen, zutraulichen Barben, gierigen Hechten, über dem Flussgrund wandelnden Groppen, von Elritzen, listigen Regenbogen- und Bachforellen, dem unergründlichen Geheimnis der Aale und den Schwärmen der unruhigen Sonnenfischchen. Niemand wusste so viel über Fische und den Fluss wie mein Bruder.

Der Fluss strömt noch immer an unserer Hausmauer entlang, fließt an der Staumauer des Rauschens vorbei in den Mühlbach zur Zehnermühle. Noch Anfang des 20. Jahrhunderts versorgten die großen Wasserturbinen der Walzenmühle den ganzen Ort mit Kraftstrom. Heute ist die Mühle ein moderner Betrieb mit hohen Stahlsilos, einer Anlage zum Trocknen von Getreide, Mischanlagen und Lagerräumen. Wenn wir früher in der Küche saßen, gerade niemand in der Gaststätte war und wir Zeit zum Reden hatten, erzählte Reese manchmal von der Mühle und einem unserer Vorfahren, der oben auf dem Bergsporn als Einsiedler gelebt hatte und der das erste Gebäude, eine Kapelle aus Feldsteinen, auf dem höchsten Punkt des Stiftberges gebaut hatte, dort, wo heute die Kirche steht. Das war im späten Mittelalter gewesen, als die Eifel nach der Pest fast menschenleer war. Es gibt ein Gemälde von diesem Einsiedler, wie er vor seiner Kapelle im Schatten eines Baumes neben einem Brunnen hockt. Seine Nachfahren bauten später die Mühle und das Gasthaus, die damals noch zusammengehörten, und Jakob, Mutters Bruder, der früh starb, sagte immer, dass dieser Einsiedler Ahnherr unserer Familie gewesen sei – einer Familie, die, wie ich meine, nie eine richtige Familie gewesen ist –, aber wie kann man als Einsiedler Ahnherr einer richtigen Familie werden?

Im ganzen Umkreis hatte es früher nur diese Mühle gegeben, fast einen Tag lang waren manche Bauern mit ihren Fuhrwerken unterwegs, um ihr Getreide hierherzubringen. Für die Mühle hatte man den Seitenarm des Flusses angelegt, den Rauschen gestaut. Seither floss das Wasser vom Rauschen durch den Mühlbach in einem sanften Bogen zum großen Wasserrad. Zur Erntezeit stand Fuhrwerk hinter Fuhrwerk, die Bauern kamen in die Gaststätte und warteten dort, bis sie zum Entladen an der Reihe waren. «Sie stanken nach Schweiß und furzten», erzählte Reese. Damals wurde die Mühle von einem unterläufig gespeisten Wasserrad angetrieben, die Mahlsteine waren vierzig Zentimeter dick, mit einem Durchmesser von zwei Metern. Später ersetzte man den Antrieb durch Dieselmotoren und baute große Silotürme. Im langen Wassergras des Mühlbaches schwammen Barben, die im Herbst von der Obstwiese in den Fluss gefallene Äpfel und Birnen fraßen. Die Gäste, die Ende der Sechzigerjahre kamen, saßen gerne im Vestibül am Flussufer in der Nähe der Strömung und tranken Kaffee. Hermann kletterte manchmal zum Fluss hinunter, um Barben anzulocken. Bei ihm waren sie zutraulich wie junge Katzen, ich glaubte, dass Hermann die Sprache der Fische kannte. Er war in dieser Zeit noch auf dem Gymnasium, ich besuchte die letzte Klasse der Grundschule.

Vater ging, wann immer Zeit war, mit Hermann und mir zusammen fischen. Hermann war in allem geschickter und klüger als ich. Ich spürte, dass Vater große Stücke auf ihn hielt und ich ihm nicht so viel bedeutete. Mutter machte Vater oft Vorwürfe, dass er sich um nichts im Haus kümmere, nur das Angeln im Kopf habe und dass er uns auch noch den Kopf mit den Fischen verdrehe. Ich verstand nicht, warum Mutter Vater geheiratet hatte, wenn sie ihn nicht liebte.

Damals begann Vater von dem alten großen Fisch zu phantasieren und von der Chronik unseres Ortes zu reden, die er schreiben wollte. Er war unzufrieden, weil er im Zementwerk arbeiten musste, und es quälte ihn bestimmt, von Mutter betrogen zu werden. Wenn er im Haus war, saß Vater allein in seinem Arbeitszimmer, einem kleinen Raum, in den er sich zurückzog, um, wie er vorgab, die Buchhaltung zu machen. In Wirklichkeit aber schrieb er heimlich an der Chronik. Er warf alle Rechnungen, Briefe und Mahnungen ungeöffnet in einen großen Karton. Dieser Karton trieb irgendwann den Fluss hinunter und stürzte über den Rauschen.

Jahre später, als Hermann zur See fuhr, baute Vater nicht einmal mehr das Vestibül auf, kümmerte sich gar nicht mehr ums Geschäft, alle Arbeit blieb an Mutter und Alma hängen. Das war Anfang der Achtzigerjahre, ich lebte schon nicht mehr zu Hause, auch meine Schwestern hatten es eilig gehabt wegzukommen. Wir alle, bis auf Hermann, wollten nichts mit dem Gewerbe zu tun haben; wir wollten andere Berufe erlernen und dem Schicksal eines Gastwirtes entrinnen. Hierin waren wir uns alle einig.

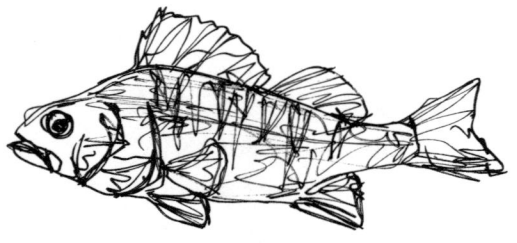

Die Barbe *(Barbus barbus)* hat das lauernde Wesen einer Katze und ist wahrscheinlich mit dem alten Fisch verwandt. Sie lebt am Mittellauf klarer Flüsse auf sandigem oder kiesigem Grund, ist bräunlich gefärbt und schimmert in der Sonne etwas golden. Wenn der große Fisch in ihre Nähe kommt, färben sich ihre Flossen rot, und ihr dicklippiges Maul mit den Bartfäden am Kiefer beginnt vor Furcht zu zittern. In der Dämmerung begibt sie sich auf Nahrungssuche. Im Frühsommer zieht sie in Schwärmen zum Laichen flussaufwärts, und im Spätherbst, wenn das Wasser kälter wird, findet man sie in Scharen in Altwässern, Strömungsbuchten und Stillwasserbezirken, wo sie fast reglos den ganzen Winter über unter dem Eis verharrt.

7

Mir ist kalt, während ich flussaufwärts am Bahndamm entlang zu den Stromschnellen gehe. Dort angekommen, klettere ich den Hang hinunter zum Wasser und wate langsam und vorsichtig zur Flussmitte. Frühnebel steigt auf, schwebt über Auewiesen die Berghänge hinauf, wo er sich um die Mittagszeit in durchsichtigen Wölkchen und Schleiern über den Baumspitzen auflösen wird. In den frühen Morgenstunden hängen Köcherfliegen an den Unterseiten der Erlenblätter in Ufernähe. Die Köcherfliege hat einen langen schmalen Körper, fast durchsichtige hellgrüne Flügel, die auf dem Rücken giebelförmig zusammengelegt sind. Wenn der leichte Morgenwind die Blätter bewegt, fallen sie noch schlafend aufs Wasser und sind so eine leichte Beute für Forellen, die hier auf ihre Lieblingsspeise lauern.

Ich benutze eine von Hermann gebundene Fliege. Ihr filigraner Körper ist aus mausgrauer Seide, mit roter Rippung und brauner Hahnenhechel. Gewöhnlich wird so ein Köder nur flussaufwärts geworfen, damit er mit der Strömung auf eine steigende Forelle zutreibt und so eine Beute vortäuscht. Manchmal lohnt es sich jedoch auch, den Köder gegen die Strömung zu ziehen oder ihn sogar leicht aus dem Wasser zu heben, die Forelle reagiert auf diese Art Zeichen.

«Fische haben ebenso eine Sprache wie Menschen», erklärte Hermann einmal; ich weiß noch, wie Gäste an der Theke über ihn lachten, wenn er solche Dinge von sich gab. Aber vielleicht hatte er recht damit, vielleicht wissen wir nur zu wenig von anderen Lebewesen und Dingen, die uns umgeben.

Auf dem Fluss glitzern jetzt erste Sonnenstrahlen, und am Ufer zirpen Grashüpfer, mit der Wärme beginnen Insekten über dem Wasser zu tanzen. Ich stehe noch in der Flussmitte, versuche meinen Rhythmus zu finden, Energie zu bündeln, den Takt zu finden, mit dem ich die Flugschnur durch mehrere Vor- und Rückschwünge in der Luft halte, damit der Köder über mir zu schweben beginnt. Beim Vor- und Rückschwung beschreibt die Rutenspitze, von oben betrachtet, eine Ellipse, sie beginnt zu tanzen, es scheint, als würde mit der Spitze eine Musik dirigiert, eine leise, verführerische Musik. Schnur, Köder und Rutenspitze scheinen sich getrennt zu haben, sind zu Entitäten in unterschiedlichen Welten geworden, die sich im Idealfall in einer prästabilierten Harmonie befinden und in Wahrheit nur ein Ziel verfolgen, Schönheit und Illusion. Hermann meinte, dass erfolgreiches Fliegenfischen der Sieg des Schwachen über das Starke sei, das Schwache nur die Möglichkeit der Illusion habe. Und da Hermann mich für den Stärkeren hielt, obwohl ich der Jüngere war, meinte er, dass ich die Kunst des Fliegenfischens nie erlernen könne. Aber vielleicht hat es sich jetzt geändert, denn ich komme mir schon lange schwach vor, ich habe zu viele Niederlagen erlebt, um mich noch stark zu fühlen.

Ich stehe im Fluss, die Zeit steht still, doch in Wirklichkeit gibt es jetzt keine Zeit mehr. Der Köder tanzt in der Luft. Es geht darum, die Schnur durch Schwünge in der Luft zu halten, sie zu verlängern, um den Fisch zu erreichen. Der Köder muss ganz behutsam, gleichsam schwebend, wie ein löwenzahnsamenartiges Aufsetzen eines natürlichen Insekts, auf der Wasseroberfläche landen.

Der Siebenuhrzug nach Köln fährt vorbei, die Erschütterung überträgt sich von den Gleisen auf den Bahndamm und aufs Wasser, die älteren Fische sind das gewohnt und bleiben an ihrer Stelle, während die jüngeren wie eine Schar dunkler Pfeile nach allen Seiten auseinanderstieben. Hermann sagte, man könne das auch zum Fang nutzen, da die erfahrenen Fische im Schatten des vorbeifahrenden Zuges das Vorfach nicht erkennen. Ich probiere es, lasse die Fliege mit der Strömung über den Kolk treiben, ziehe die Schnur wieder ein, als der Zug vorübergefahren ist. Mit diesem Morgenzug waren Hermann und später auch ich zum Gymnasium gefahren.

Die Bahntrasse folgt dem Flusslauf der Urft, danach der Kyll. Auf der Strecke zwischen Gerolstein und Trier fährt der Zug alle zehn bis fünfzehn Kilometer durch einen Tunnel, das Tal ist an manchen Stellen so eng, dass kein Platz mehr für die Bahntrasse blieb. So mussten Tunnel in den Berg gesprengt werden.

Reese hatte einmal gesagt, die Eifel sei vor dem Bahnbau ein armes und einsames Land gewesen. «Die Leute kamen nicht aus ihren Dörfern heraus, waren richtige Hinterwäldler – und manche sind es bis heute geblieben», fügte sie lächelnd hinzu. Sie erzählte vom Bahnbau, von Dampfbaggern und Molukken aus fernen Weltgegenden, die am Gleisbau mitgearbeitet hatten und dann in der Eifel geblieben waren. Von Kaiser Wilhelm, der kurz vor dem Ersten Weltkrieg hier den Zug verlassen habe, um im Kronen-Hotel zu nächtigen, es sei damals das größte und prächtigste Hotel der Eifel gewesen. In einem Brief an seine Gattin habe der Kaiser von den reizvollen Landschaftsbildern und unvergleichlichen Naturschönheiten der Eifel geschwärmt. Reese erzählte uns auch von den Mätressen des Kaisers, von Jagdausflügen, Generälen, die im Kronen-Hotel den Überfall auf die Franzosen geplant hatten, von Militärzügen, die später den ganzen Tag durch den Ort ratterten und Soldaten und Material an die Westfront brachten.

Während wir in der Küche saßen und Reese zuhörten, lag Mutter oft den ganzen Nachmittag mit Migräne im verdunkelten Mansardenzimmer. Manchmal kamen Männer von der Theke durch die Küche und gingen zu ihr nach oben, der Perseus-Verkäufer und andere, an die ich mich nicht mehr erinnere. Lange Zeit habe ich nicht mehr an solche Dinge gedacht. Vielleicht ist es der Fluss, der mir alles wieder erzählt, mich erinnert.

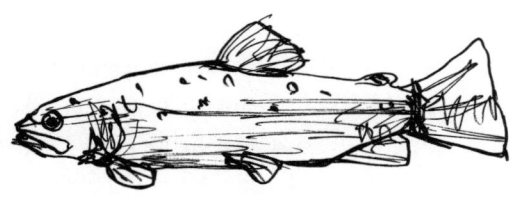

Die Bachforelle *(Salmo trutta fario)* hat einen spindelförmigen Körper mit stumpfer Schnauze und kleinen scharfen Zähnen. Sie
scheint im Wasser zu pfeifen, einen hellen sirrenden Ton. Je nach
ihrem Standort ist sie gedrungen oder schlank, ihr Rücken schimmert braun-oliv, ihre Seiten sind gelblich gefärbt. Auf der dunklen
Flanke zeigen sich hell gesäumte rote und bläuliche Tupfer. Die
Forelle liebt klare, kühle Fließgewässer mit Kies und Geröllgrund,
Vertiefungen, Ausspülungen des Bachbettes, unterspülte Ufer,
Wurzeln von Uferpflanzen und Höhlen unter Steinen und Fels-
blöcken.

8

Im Wasser spiegeln sich Schäfchenwolken, ich sehe meinen
Schatten in anderen schimmernden Schatten und werfe den
Köder. Während ich ihn langsam mit der Strömung abtreiben lasse, ist es, als wären manche Dinge erst gestern geschehen, so deutlich sehe ich sie vor mir. Zehner hatte immer behauptet, dass alles, was jemals geschehen sei, im Fluss
treibe. Wenn sich irgendetwas am Fluss ereigne, sei es nur
ein Räuspern, würde es vom Wind in den Fluss getragen,
vom langsam dahin ziehenden Wasser aufbewahrt. Jeder
Hauch, jedes Flüstern, der Fluss speichere alles, wie ein unendlich großer Seismograf. Zehner hatte immer schon seltsame Ideen, und Vater, später auch Hermann, waren die
Einzigen, die sein Gerede ernst nahmen. Aber mit der Zeit
und weil seine geistigen Kräfte nachließen, ist er immer ei-
gentümlicher geworden, niemand versteht den Sinn dessen,
was er den ganzen Tag an der Theke hockend redet, alles,
was er sagt, erscheint wie ein großer aufgewühlter Strom
von Erinnerungen.

Auch als ich gestern Morgen in unsere Gaststätte kam, saß
Zehner an der Theke. Er drehte sich um, sah mich mit trü-
ben Augen an, aber er erkannte mich nicht. Er roch noch
wie früher, nach trockenen Spelzen und altem Dieselöl. Damals war er ein kluger Mann gewesen, der sich mit den neu-
esten Techniken beschäftigte und seine Mühle zu einem
modernen Betrieb umgebaut hatte. Jetzt redete Zehner von
seinem Hund, den er Arschloch nannte und der auf dem
Feld einem Hasen hinterhergerannt war und nicht auf ihn
gehört hatte. «Der Köter quatscht mit Gespenstern, die

stör'n meine Gedanken … glotzt sich nich' mal nach mir um …».

Es hatte sich nicht viel in der Gaststätte verändert, Hermanns Zeichnungen hingen noch an den Wänden. Statt der Musikbox stand eine Stereoanlage hinter der Theke. Auf dem Büfett thronten verstaubte Turnierpokale unserer Fußballmannschaft, die vor Jahren, als ich noch zu Hause gelebt hatte, in die Bezirksliga aufgestiegen war. Auf einem Mannschaftsfoto aus dieser Zeit bin ich zu sehen, als Siebzehnjähriger, mit langem Haar und Stirnband. In dieser Zeit hatte ich nur Fußball im Kopf, spielte gut, sogar in Auswahlmannschaften. Hermann hatte sich nie für Fußball interessiert, ihm waren andere Dinge wichtiger, die niemand von uns verstand, die ich, wie auch alle anderen außer Vater, für unsinnig und lächerlich hielt.

Hermann hielt sich, wenn es nichts im Haus für ihn zu tun gab, fast immer im Heizungskeller auf und bastelte an irgendwelchen Dingen, schien in dieser Zeit fast unsichtbar, erledigte dennoch alle Arbeiten, die man ihm auftrug, fuhr Müll mit dem Handkarren zur damaligen Kippe, zu einem großen Trichter des eingestürzten Bergwerkschachtes in der Nähe des Fußballplatzes. Manchmal stand er am Zaun, sah uns beim Bolzen zu, wollte aber nie mitspielen, und wir wären auch nicht auf die Idee gekommen, ihn zu fragen. Meine Freunde machten oft Witze über ihn. Ich schämte mich wegen meines Bruders, er trug damals meist einen zu großen alten Armeeparka und eine Wollmütze, oft verstand ich nicht, was er sagte, wahrscheinlich wollte ich ihn auch gar nicht verstehen. Vielleicht prügelte ich mich mit ihm, weil ich ihn nicht verstand. Ich weigerte mich, mit ihm noch

in einem Zimmer zu schlafen, überall standen Schraub-
gläser mit Würmern und anderem Getier herum. Seinen
Fischtick hielt ich für lächerlich. Wie kann man nur seine
Zeit so vertun, dachte ich, wenn frühmorgens die Angler
über den Flur an meinem Zimmer vorbeigingen und mich
mit ihren Gesprächen weckten. Ich hielt meinen Bruder in
dieser Zeit für einen Idioten. Und jetzt, was ist jetzt, ich
weiß nicht, was ich nun denken soll.

An der Wand neben dem Glücksspielautomaten hingen
Kästen mit Köderfliegen, die Hermann gebunden hatte,
Nymphen mit lichtgrauem Körper, rötliche Maifliegen,
Rohrmaden. Hermann war immer früh aufgestanden, hatte
allein in der Küche gefrühstückt und war zum Fluss gegangen. Er hatte irgendwo am Ufer gehockt und beobachtet,
wie die Fische im Wasser standen, was sie fraßen, wie sie auf
Fliegen, Nymphen und Mücken gingen. Seinen Ködern
hatte er Namen wie Schwarzer Geist, Blauer Tau, Roter
Umhang, Perlenpalmer, Steinerbskerl oder Sprock gegeben. Als er noch ein Junge war, saß er oft allein in der Gaststätte und zeichnete Fische, in der Schule hockte er in der
hintersten Reihe und malte ganze Hefte mit Fischen und
Ködern voll, nie etwas anderes.

Alma trat hinter die Theke und begrüßte mich: «Ach,
Leo, schön, dass du da bist, deine Schwestern sitzen schon
in der Küche.» Sie trug ein rotes Kleid, darüber eine Schür-
ze. «Zehner erkennt dich nicht», sagte sie. «Bei schlechtem
Wetter hockt er den ganzen Tag hier, redet mit sich selbst,
erzählt Geschichten, die niemand hören will.» Zehner
sprach, als ich an ihm vorbeiging, mit einem Gespenst. Es
schien neben ihm zu sitzen. Er prostete ihm zu und erzählte

ihm von seiner Mühle, die ihm doch nur noch in seiner Erinnerung gehörte. Sein Sohn Siegmar hatte sie vor Jahren übernommen, sie dann später, soweit ich weiß, aus Not an einen Futtermittelkonzern verkauft. Siegmar war mit mir in einer Klasse gewesen, jetzt arbeitet er bei dem gleichen Futtermittelkonzern als Geschäftsführer. Zehner schimpfte über seinen Sohn, weil er alles verkauft habe, die Dieselmotoren durch moderne elektrische Aggregate ausgetauscht habe, weil nun kein Getreide mehr gemahlen, sondern nur noch Futtermittel geschrotet würde, über seine Schwiegertochter, derentwegen er seine Enkelkinder schon seit Jahren nicht mehr gesehen habe, und über die Holländerin, die in einem Campingwagen am Fluss gewohnt habe.

Er sagte, dass sie blaue Ohrenschützer getragen habe, als sie unter dem Eis aufgetaucht sei, ihre Augen seien wie von Nadeln zerstochen gewesen. «Wenn se nur ins Wasser gefalln wär', hätt'n die Augen nich' so ausgesehen», sagte er. «Am Körper und ihren Klamotten hing'n Neunaugen und all solches Getier.» Dann erzählte er vom Krieg, von Nazis, die in der nahen Ordensburg kaserniert gewesen und dort zur Elite des Volkes ausgebildet worden waren. «Goldfasane, Goldfasane», schrie er. «Goldfasane in ihr'n Paradeuniform'n.» Danach redete er von Strohwang, der im Zementwerk arbeitete und immer nach einem Schatz gesucht hatte, einem Schatz, den die Nazis, kurz bevor sie die Ordensburg verlassen hatten, irgendwo in unserer Gegend vergraben haben sollten.

Alma und ich betraten zusammen die Küche. Zehners Selbstgespräche waren auch hier zu hören. Tante Reese saß mit den Schwestern am Küchentisch und strickte. Es roch nach Fisch, nach dem Inhalt der Gewürzdöschen auf dem Regal über der Anrichte, nach frischen Brötchen, Kaffee und der Zigarette, die Renate, die jüngere Schwester, gerade rauchte.

«Ach, du bist auch schon da», sagte Claudia, die Ältere. Sie seien eben bei Hermann gewesen, seine Tür sei verschlossen, er habe nicht geantwortet, keinen Mucks habe er von sich gegeben. Claudia hat kurze schwarze Haare und auf der Wange ein kleines Muttermal. Sie ist die Einzige von uns, die so ein Muttermal auf der Wange hat, wir anderen Geschwister haben ein großes tropfenförmiges Mal am Knie, das größer wird, verblasst und fast verschwindet, wenn wir die Knie beugen. Drei von uns haben es am rechten Knie, ganz gleich, von wem wir gezeugt wurden. Claudia wohnt noch in der Nähe, in einem Höhendorf einige Kilometer entfernt. Sie ist mit einem Lehrer verheiratet und arbeitet halbtags in der nahen Kurklinik im Sekretariat.

Ich setzte mich zu den Schwestern an den Tisch. Alma brachte mir Kaffee. Alma konnte sich nicht zu uns setzen. Sie sagte, sie müsse noch das Frühstück für die späten Angler machen. Nach Ansicht von Vater und Hermann gibt es frühe Angler, die eben sehr früh aufstehen, und andere, die späten Angler, die erst am Vormittag zum Fluss gehen. Von den Letzteren hielten Vater und Hermann nicht viel. Sie nannten sie auch verächtlich Kneipenangler, weil sie meist nur groß daherredeten und mehr am Tresen als am Fluss zu finden waren. Alma ging zur Anrichte und füllte Marmelade in kleine Schälchen. Ich sah plötzlich vor mir, wie sie früher in der Küche herumgetanzt und französische Lieder geträllert hatte.

Die Schwestern beäugten jeden Handgriff von Alma, tuschelten hinter ihrem Rücken. Alma holte Besteck aus der Schublade und polierte es mit ihrem Schürzenzipfel auf. Sie machte immer noch, auch wenn sie älter geworden war, weiche Bewegungen, so als würde sie auf Pantoffeln herumschweben und tanzen. Mutter hatte sie früher oft ermahnt, dass sie mit den Albernheiten aufhören solle, doch Alma kümmerte sich nicht darum, sie sang weiterhin Lieder von France Gall, auf Deutsch mit französischem Akzent. «Das war eine schööne Party ... laa lala lalalaa ... über uns hing, als ich Feuer fing, ein rosaroter Lampion», sie tanzte dabei wie ein Gnom und eine Fee zugleich, bis es selbst Mutter amüsierte, und schließlich saßen wir alle lachend in der Küche.

Gestern war wegen des Markttages viel Betrieb, und außer den Anglern logierten seit einigen Tagen auch Brückenarbeiter im Haus, die alle Brücken im Umkreis überprüften und jetzt an der Brücke vor unserer Gaststätte arbeiteten. Alma hatte viel zu tun und konnte sich nicht zu uns an den Tisch setzen. Ich glaube, die Schwestern hätten es auch nicht gewollt, außerdem hatten sie vom ersten Tag an, als Alma zu uns in die Gaststätte gekommen war, um wegen einer Anstellung zu fragen, immer schon etwas gegen Alma gehabt. Sie hatten sich über ihren Französischtick lustig gemacht und sie spöttisch «Francesoir» genannt.

Renate nahm ihre dürren Finger vom Tisch, nestelte an ihrem Jackenkleid herum, dann in ihrem rötlich gefärbten Haar. Sie hatte braune Augen und dick getuschte, verklebte Wimpern. Mager und krank sah sie aus, ich weiß nicht, ob ich sie unter den vielen Menschen irgendwo in der Stadt überhaupt erkannt hätte. Ihr Mann hatte sie vor einiger Zeit wegen einer anderen Frau verlassen, nun arbeitete sie wieder, wie vor ihrer Ehe, als Einkäuferin bei einer Cateringfirma in Trier.

«Langsam beginne ich mich davon zu erholen und vergess diesen Kerl, seine Demütigungen und all das», sagte sie zur älteren Schwester. Während die Jüngere redete, strickte Reese. Sie war seit dem frühen Morgen in der Küche, half Alma noch immer, so gut sie es in ihrem Alter vermochte. Neben Reeses Stuhl stand ihre Handtasche aus weißem Kunstleder, die Mutter ihr vor vielen Jahren geschenkt hatte. Sie bedeutete Reese viel, alle wichtigen Dinge trug sie darin mit sich herum, alte Liebesbriefe aus ihrer Jugend, einen abgenutzten Lippenstift, zerknitterte Kinokarten aus dem seit Jahren geschlossenen Kino, ein Katzengoldbröckchen, eine verblasste Adresse auf einem Kaugummipapier, Fotografien von Valentin in seiner Fliegeruniform und vergilbte Bilder unseres Ortes, die vor dem Krieg aufgenommen worden waren.

Reese hatte, wenn Karneval oder Kirmes gefeiert wurde, immer bei uns im Saal bedient. Wir mussten alle an diesen Tagen helfen, hinter der Theke stehen, kellnern, Cola und Limo aus dem Keller heraufholen, die Kühlung hinter der Theke mit Getränken auffüllen, den Hausmüll zur Kippe fahren, den Bürgersteig fegen, meine Schwestern mussten in der Küche zur Hand gehen, auch Hermann half. Sonst sollte er nur lernen und ‹die Schule ordentlich absolvieren›, wie Vater immer gesagt hatte, aus Hermann sollte etwas Besonderes werden, er sollte Abitur machen und studieren. Voller Stolz hatte Vater dies immer an der Theke verkündet.

Damals hatten nur wenige Jugendliche aus dem Ort Abitur gemacht und studiert. Hermann war das Lernen leichtgefallen, wenn er etwas hörte oder las, behielt er es sofort, er konnte, als er eingeschult wurde, bereits rechnen und lesen.

«Was macht Hermann nur die ganze Zeit allein da oben auf seinem Zimmer – kann mir das mal einer sagen?», fragte die ältere Schwester.

Reese erzählte, wie Renate und Hermann sich als Kinder auf Rollschuhen von einem Gülleanhänger hatten ziehen lassen und sich dabei am Auslaufstutzen festgehalten hatten, wie der Hahn sich geöffnet hatte, die Gülle sich über sie ergossen und sie beide anschließend ihre Kleider im Haus versteckt hatten. Reese scheint nichts vergessen zu haben, an jede Kleinigkeit kann sie sich noch erinnern. Wenn ich alt bin, möchte ich so wie Reese sein oder vielleicht wie Zehner, aber auf keinen Fall wie meine Mutter, die immer nur schweigt, als wäre niemals etwas geschehen. Tagelang hatten damals alle gerätselt, wo wohl der schreckliche Gestank im Haus herkäme, bis der Bauer eines Abends an der Theke lachend vom Missgeschick meiner Geschwister berichtet hatte.

Reese wandte ihren Kopf mit dem spitzen Kinn, kicherte und sah Renate verschmitzt an. Alma war gerade am Tisch vorbei in die Gaststätte gegangen, um zu bedienen. Die Schwestern redeten weiter mit Tante Reese; wir nennen sie so, obwohl sie eigentlich nicht mit uns verwandt ist. Würde ich eine Chronik unserer Familie schreiben, so würde Reese bestimmt darin vorkommen, mit ihrem knittrigen Gesicht, der spitzen Nase und den wachen schelmischen Augen. Während sie mit uns sprach, war es für einen Moment lang wie früher, wenn wir in der Küche zusammensaßen. Claudia erzählte von ihrem Sohn, der das Gymnasium besuchte und Sänger in einer Punkband war, sie scherzte über sein Aussehen, seine Piercings in der Lippe, aber in Wirklichkeit gefiel ihr das gar nicht. Renate lachte, als kleines Mädchen hatte sie mit Reeses Kindern gespielt, auf dem Heuschober und im Stall, damals standen noch Kühe dort, Goldfliegen und Bremsen summten, Rauchschwalben, die unter der Decke der Stallung nisteten, schwirrten umher, es roch nach Kuhpisse, Mist und saurer Milch. Renates Gesicht wirkte so unbeschwert, als wären all die Jahre nicht vergangen, als hätte der Fluss stillgestanden und spiegelte in seinen glitzernden Wellen all diese schönen Erinnerungen. Bestimmt war Renate in Gedanken mit Thorsten, Reeses Sohn, die Leiter zum Heuschober hinaufgeklettert, hatte im staubigen Heu gesessen und zum Stall hinunter, auf Kuhrücken und nach Fliegen schlagende Schwänze gesehen, hatte gehört, wie der Milchstrahl aus den Zitzen in einen Eimer zwischen die Beine der hockenden Reese spritzte. Früher hatte Reese den größten und schönsten Hof im Ort gehabt, in den Siebzigerjahren wurden die Landwirte dann mit der Landreform gezwungen, Siedlungshöfe mitten in ihre Felder zu bauen, im Ort hatte man keinen Platz mehr für große Viehställe. Um rentabel zu produzieren, brauchte man mindestens hundert Kühe, sonst erhielt man kein Geld von der Genossenschaftsbank. Chrisand, Reeses Mann, wollte damals aber den Ort nicht verlassen, so gaben sie irgendwann die Landwirtschaft ganz auf, und Chrisand hatte, wie die meisten hier, daraufhin im Zementwerk gearbeitet.

Während die Schwestern mit Reese redeten, gebärdeten sie sich wieder wie kleine Mädchen. Renate drehte Haare um ihren Finger und Claudia biss sich auf die Unterlippe, während sie Reese gespannt zuhörte. Doch dann fragte die Jüngere, wie es so weit habe kommen können, was bloß mit Hermann sei. Reese zuckte mit den Schultern, wickelte etwas Wollfaden um ihren Zeigefinger, das Knäuel rollte unter den Küchentisch. Renate sah in die Runde, als müssten wir die Antwort parat haben, als wüsste jemand, warum dies geschehen war. Niemand sagte etwas, was sollten wir auch sagen? Hermann war in den letzten Jahren immer sonderbarer geworden, hatte keinen Kontakt mehr zu seinen Schwestern gehabt, die ihn, wie er meinte, enttäuscht hatten, aber das hat er auch von anderen gedacht. Eigentlich haben ihn alle enttäuscht, schließlich konnte es ihm niemand mehr recht machen. Und was hatte er gemacht? Alles war geblieben, wie es immer war, nichts hatte sich verändert, die Zeit verging, der Fluss strömte an unserem Haus vorbei zum Rauschen, wo das Wasser unaufhörlich hinunterstürzte, in einen großen See verlorener Zeit.

Während wir in der Küche zusammensaßen, hockte Zehner an der Theke, schnitt vor der verchromten Zapfsäule Grimassen. Nachdem Alma bedient hatte, kam sie in die Küche zurück, ich ging zu meinem Bruder hinauf. Am Flurende, wo der Eingang für Hotelgäste ist, hörte ich, wie Zehner meinen Namen rief und Alma ihm sagte, er solle still sein. Die Hotelgäste bekommen einen Schlüssel für diese Tür, damit sie nicht durch die Gaststätte gehen müssen. Das Treppenhaus führt in die erste und zweite Etage hinauf. Auf einem Treppenabsatz stand eine von Mutter bemalte Milchkanne, an der Wand hing noch immer die topografische Karte der Eifel, von Werbeanzeigen der Raiffeisenbank, des Autohauses, des Zementwerkes, der Zehnermühle eingerahmt. Ich sah den Verlauf der Urft, der Kyll, der Sauer und Nims, der Flüsse, die sich durch enge felsige Täler schlängeln. Jemand hatte mit Kugelschreiber Kringel um die Dörfer gemalt, Hunscheidt, Krekel, Wahlen, Floisdorf, Mürlenbach, Birresborn, Kyllburg und Keldenich, eine markierte Route an Kalk- und Sandsteinbrüchen vorbei. An der Wand im Treppenhaus und im Flur hingen Fischzeichnungen von Hermann, darunter in winziger, kaum lesbarer Schrift seine Beobachtungen über diese Fische. Schließlich stand ich vor dem Zimmer meines Bruders. Er wollte eigentlich nie ein eigenes Zimmer haben, zog es vor, in einem der Gästezimmer zu schlafen, die alle gleich eingerichtet sind, eine weiß gekachelte Dusche, ein Schrank, ein Tisch, das Bett, daneben die Tür zum Balkon. Im Flur war es klamm und kühl, das ganze Haus zu heizen ist in der Übergangszeit zu teuer, wenn nur wenige Gäste bei uns logieren. Damals, als Hermann von der Seefahrt zurückkam, baute er von seinen Ersparnissen in einige Zimmer Duschen und Toiletten ein und installierte eine Ölheizung im Haus. In den vergangenen Jahren blieb aber nie Geld übrig, um auch die restlichen Zimmer zu renovieren. In den Wintermonaten waren die Einnahmen oftmals so gering, dass die Getränkelieferanten nicht bezahlt werden konnten. Ich stand vor der Tür und versuchte, mit meinem Bruder zu reden. Ich sagte, dass ich mit ihm fischen gehen wolle, gleich oder am nächsten Tag in aller Früh, noch bevor die ersten Angler am Fluss sein würden, so wie wir es früher mit Vater gemacht hatten. Er antwortete nicht. Ich sagte, dass ich extra aus Hamburg gekommen sei und in Köln lange gewartet habe, bis endlich eine Bahn in die Eifel gefahren sei. Ich fragte, wie es ihm so gehe und was mit ihm los sei, warum er nicht sprechen wolle, sagte, dass Alma verzweifelt sei und nicht alles allein machen könne, wieso er zuletzt auch noch von dem Fisch angefangen habe, jeder wisse doch, dass das nur ein Hirngespinst von unserem Vater gewesen sei, niemand habe diesen Fisch jemals gesehen, es sei doch nur eine Geschichte, die Angler sich erzählten, die Vater aufgeschnappt und geglaubt habe. Vater hatte viele Geschichten geglaubt und weitererzählt, das ganze Leben war für ihn nur eine fantastische Geschichte gewesen. Ich warnte Hermann, wenn er nicht damit aufhöre, würde er noch in eine Anstalt kommen, sagte, ich müsse eigentlich bei der Arbeit sein, redete von meinen Problemen, dass mein Chef mir keinen Urlaub hatte geben wollen und dass ich nun gar nicht wüsste, was ich hier solle, wenn er nur schweigend in seinem Zimmer bleibe und niemanden hineinlasse.

«Komm raus, Hermann, los, wir gehen fischen. Die Schwestern sind auch unten, die werden staunen, wenn du runterkommst und wir zusammen fischen gehen, und Alma wird sich erst freuen. Du willst doch nicht, dass Alma weint, Hermann, das willst du doch nicht, sie hat mich angerufen, weißt du.» Ich sagte ihm noch, dass ich während der Fahrt auch einige seiner Kassetten gehört hatte.

Die Nymphe ist eine kleine Schönheit, ein noch unfertiges Insekt, das an sonnigen Tagen aus dem Wasser aufsteigt. Sie bringt ihre Jugend dort als Larve und räuberisches Insekt zu. Doch nun steigt sie auf, um ein anderes, schöneres Wesen zu werden; aus Tau geboren, über dem Fluss schwebend, in wehenden Gewändern zu Flötenmusik von Satyrn und Faunen umtanzt.

9

Ich ziehe ein Stück flussaufwärts zu einer Stelle unterhalb der kleinen Stromschnellen, wo sich das Wasser in einem ruhigen flachen Abschnitt staut, wo sich Schaumkronen bilden, wo Forellen allerlei Nahrung finden, winzige Insekten, Staubpartikel, kleine Käfer, Samen und Blätter. Ich werfe junge Forellen an, die noch in Schwärmen jagen. Jahre später, wenn sie alt geworden sind, werden sie zu Einzelgängern, vertreiben jeden aus ihrem Revier und fressen sogar kleinere Artgenossen. Ich möchte endlich einen Fisch fangen, spüren, wie die Leine sich spannt, etwas Unbekanntes, gänzlich Fremdes am Haken ist. Es war, so erinnere ich mich, obwohl ich damals das Fischen nicht schätzte –, immer ein Gefühl, als wäre man plötzlich in einer anderen Welt.

«Ich verspreche jetzt hier, dich wieder freizulassen, wenn du den Köder nimmst, ich werde dich freilassen, wenn du den Haken nicht verschluckst», murmele ich vor mich hin. Und dann sehe ich, wie das Wasser sich leicht wölbt, spüre einen leichten Ruck an der Schnur, die Forelle hat gebissen und flieht, nun gebe ich Schnur nach, bis sie steht, sich ausruht, dann zieht sie wieder, wehrt sich prächtig, und schließlich hat sie keine Kraft mehr. Sie hat den Widerstand aufgegeben und liegt erschöpft in der Strömung. Ich ziehe sie vorsichtig heran, nehme sie aus dem Wasser. Es ist eine schöne junge Bachforelle mit bunten Tupfern und einem leicht braunen Rücken. Je älter Bachforellen werden, desto dunkler wird ihr Rücken. Sie ist kalt wie das Wasser, ich spüre, wie ihr Herz rast, während ich den Haken aus ihrem Kiefer entferne, dann halte ich sie unter Wasser, locker in der Hand mit dem Kopf zur Strömung, damit sie sich erholen kann. Im nächsten Herbst wird sie zum Laichen einen Nebenbach hinaufschwimmen, der am Berghang im Wald entspringt. Sie wird sich eine Stelle suchen, wo das Wasser über feinen Sand und Kies fließt und es zuweilen so seicht ist, dass die Flosse aus dem Wasser ragt, und eine Grube mit der Schwanzflosse schlagen und ihre Eier ablegen. Als Jugendliche waren wir oft solchen Bächen gefolgt, um die sich zum Ablaichen sammelnden Forellen in seichten Tümpeln zu fangen, sie waren unseren Holzsperren ausgeliefert. Wir durchbohrten sie, nahmen sie aus und brieten sie überm Lagerfeuer. Als Junge habe ich noch alle gefangenen Fische getötet.

Erst als die Forelle wieder bei Kräften ist und sich in der Strömung behaupten kann, lasse ich sie aus meiner Hand. Vielleicht wird ihr diese Erfahrung eine Lehre sein, wird sie sich nicht mehr so leicht täuschen lassen, alt wie Methusalem werden und viele Nachkommen zeugen. Vater sagte einmal, Fischen sei nichts anderes als die Kunst des Täuschens; im Leben komme es nur darauf an, dieses nach festen Regeln zu machen, sodass jeder eine faire Chance habe, die Täuschung zu erkennen. Dies gelte für das Leben, die Liebe und besonders für das Fischen. Die größte Kunst war demnach das Fliegenfischen, weil die Chancen auf beiden Seiten einigermaßen gleich verteilt sind. Im Gegensatz dazu waren alle anderen Angelmethoden, sei es mit Fleischködern oder Blinkern, barbarisch, sie würden nur von Stümpern und Kneipenfischern ausgeübt. Später änderte Vater seine Meinung, vielleicht weil sich auch seine Meinung über das Leben geändert hatte, es ihm eigentlich nicht mehr darauf ankam, den großen alten Fisch zu fangen. Wenn schon nicht den, dann wenigstens möglichst viele andere, so viele, bis es vielleicht keine Fische mehr gab und nur noch Vater und der alte Fisch Ichthys übrig blieben.

Ich fische jetzt im ruhigen Wasser oberhalb der Stromschnellen, wo die Wiesen sacht an den Fluss herangehen und wo im seichten Uferlehm die Höhlen der Bisamratten liegen. In diesem Bereich sind die Bahngleise fast hundert Meter vom Ufer entfernt. Ich war oft mit Hermann zusammen hier, hier brachte er mir Schwimmen und Tauchen bei. Wenn wir dort waren, beobachteten wir Fische beim Fressen, wie Fliegen auf der Wasseroberfläche landeten, wie sie von der Strömung erfasst wurden, welche Farbtöne Fische im Wechsel der Jahreszeiten annahmen. Bei Gewitterregen war es im Wasser angenehm warm, Blitze zuckten über dem Tal, alles schien wie elektrisiert, und wir schlängelten uns wie Aale im Fluss. Ich konnte mir nie erklären, warum Fische bei Gewitter so zutraulich sind, wir sie berühren und ihnen beim Jagen zusehen konnten. Alma war bei uns, sie trug einen schwarzen Badeanzug, von dem das Wasser abperlte. Sie hatte bei Gewitter Angst, ins Wasser zu gehen, hockte meist unter einem Baum und las in Groschenheften. Almas Brüste waren schon damals groß, ihre Haut leuchtete weiß, und auf der Innenseite ihres linken Oberschenkels verbarg sich eine nur stecknadelgroße dunkle Warze. Ich durfte nachts unter ihre Bettdecke, wo es nach Pfirsich roch. Sie kicherte und gluckste, kraulte in meinen Haaren und flüsterte verführerisch in ihrem fantasierten Französisch. Ich dachte, ich wäre für immer aus dem Paradies vertrieben, als sie mir eines Tages sagte, dass ich nicht mehr zu ihr kommen dürfe, als sie ihre Tür verschlossen hielt, wenn ich davorstand und darum flehte, dass sie mich hineinlassen solle. Ich hasste meinen Bruder deshalb, denn ich wusste, dass ich wegen Hermann nicht mehr zu ihr durfte.

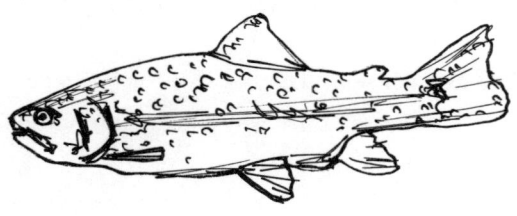

Die Regenbogenforelle *(Oncorhynchus mykiss)* stammt nicht aus unserer Gegend, sondern aus Amerika, wo sie ursprünglich in den großen Gebirgsflüssen Montanas lebte. Sie wird größer als die Bachforelle, hat einen kleinen spitzen Kopf, die Maulspalte ist kürzer, der Unterkiefer befindet sich weiter hinten, ihr Körper ist mit schwarzen und farbigen Punkten bedeckt. Ihre Flanken leuchten in den Farben des Regenbogens. Bei älteren Exemplaren verschwinden die farbigen Punkte, nur dunkle Tupfer wie Schatten bleiben. Als Jungtiere leben Regenbogenforellen in Schwärmen zusammen, werden aber mit der Geschlechtsreife zu Einzelgängern.

10

Als ich gestern vom Flur vor Hermanns Zimmer in die Küche zurückkam, sagte ich zu den Schwestern, dass Hermann
auch mit mir nicht geredet habe: «Keinen Mucks hab ich
aus dem Zimmer gehört ... vielleicht hat er's schon verlassen, hat abgeschlossen und ist durch den Nebeneingang
raus.»

«Das würd ihm ähnlich sehn», empörte sich die ältere
Schwester.

«Könnt ja auch sein, dass der sich irgendwo rumtreibt,
und wir sitzen hier und machen uns Sorgen um ihn», bemerkte die Jüngere.

Alma kam aus der Gaststätte, blieb vorm Küchentisch
stehen, sagte, dass Sartorius gestern Abend noch da gewesen sei. Hermann hatte auch ihn nicht ins Zimmer gelassen.
Dann hätten sie versucht, die Tür aufzubrechen, Hermann
habe daraufhin einen Schrank vor die Tür geschoben. Jetzt
habe sie Angst, dass er sich etwas antue.

«Das fällt ihr jetzt so plötzlich mal ein», flüsterte die ältere Schwester schnippisch.

Alma sagte, dass Sartorius am Abend nochmals vorbeikommen würde, diesmal, um Hermann mitzunehmen.
Dann sprach sie von der Holländerin, die im Frühjahr am
Rauschen gefunden worden war. «Sie hat in einem Wohnwagen unten aufm Campingplatz gewohnt, der Caravan
steht jetzt noch am Fluss, wenn das Wasser weiter so steigt,
wird er weggeschwemmt.»

«Hermann hat sich sofort in die verguckt, Männer sind
halt so», sagte Reese, während sie weiterstrickte und am
Wollknäuel zupfte.

Als Salm und Knuppeglas den Gastraum betraten, lief Alma zur Theke, um zu bedienen. Reese erzählte, dass man im Wohnwagen der Holländerin Köder von Hermann gefunden habe – niemand sonst könne solche Köder binden. Die Holländerin habe im Sommer oft auf der Veranda gesessen.

«Alma hat's nich gefallen, dass Hermann zu ihr ging», flüsterte Reese. «Die war auch im Winter mit ihm Eisfischen, se war dann wie vom Erdboden verschwunden, und im Frühjahr is se vor dem Rauschen im Eis aufgetaucht.»

Während Reese erzählte, bediente Alma Knuppeglas und Salm. Die beiden standen neben Zehner an der Theke, der unaufhörlich quasselte. In der Küche hörten wir jedes Wort, so, als gäbe es geheime Kanäle, durch die jeder Laut, nochmals verstärkt, zu uns drang. Vielleicht war es auch nur unsere von Kindesbeinen an trainierte Aufmerksamkeit, die Bestellungen und Wünsche der Gäste zu erlauschen.

Salm und Knuppeglas sprachen darüber, dass sie Setzlinge im Fluss ausbringen müssten. Sie konnten nicht länger auf Hermanns Hilfe warten, weil das Wasser weiter anstieg und in den nächsten Tagen auch noch ein Temperatursturz zu erwarten war. Sie befürchteten, keinen Auftrag mehr von der Gemeinde zu bekommen, wenn im nächsten Jahr nicht genügend Fische für die Angler im Fluss wären. Sie fragten nach Hermann, der ihnen sonst beim Aussetzen der Forellen geholfen hatte. Die beiden hatten sich immer auf Hermanns Wissen und Hilfe bei der Fischzucht verlassen; er kannte die Standorte von Forellen und Äschen, wusste, wo Hechte ihre Jagdreviere hatten, an welchen Orten die Setzlinge vor ihnen sicher waren und genügend Nahrung fanden, winzige Krebse und Larven. Die ersten Wochen im unbekannten Gewässer sind für die frisch ausgesetzten Jungfische unsicher.

«Wenn die Fische abtreiben oder gefressen werden, ist alles futsch, wir verdienen keinen Cent», schimpfte Salm. Knuppeglas beschwerte sich darüber, dass Hermann sich in den letzten Monaten nicht mehr richtig gekümmert habe. «Hermann ist an allem schuld. Wenn wir an den Teichen waren, quatschte er nur von diesem alten Fisch, alles andere interessierte den nicht mehr, und zuletzt war er nur noch mit diesem Weib zusammen. Wenn wir pleitegehen, muss er blechen, der kann uns nicht einfach hängenlassen.»

Knuppeglas hatte eine knochige Nase, die von lauter Prügeleien platt und schief war. Früher war er bei der Bahn als Kranfahrer angestellt gewesen. Vor einigen Jahren hatte man ihn wegen seiner dauernden Prügeleien entlassen. Zuletzt hatte er versucht, wie sein Vater mit Schrott zu handeln, doch es hatte nichts eingebracht, und er war pleitegegangen. Jetzt arbeitete er für Salm und bewohnte eine Hütte bei den Fischteichen. Mit Hermanns Hilfe hatten sie neue Teiche angelegt und ein zweites Bruthaus gebaut. Die Setzlinge waren drei Monate alt, gerade so lang wie ein kleiner Finger, ihre Haut war noch durchsichtig, man konnte die Organe und sogar das Herz pulsieren sehen. Knuppeglas sprach schnell, so schnell, dass man zweifelte, ob er überhaupt wissen könne, was er gerade sagte. Er trug Stiefel, eine Arbeitshose, eine Wachsjacke und eine Baseballkappe. Gregor von Salm hingegen hatte einen abgetragenen dunklen Anzug an, selbst bei der Arbeit an den Fischteichen trug er einen Anzug. Im Gegensatz zu Knuppeglas war er klein und schmächtig und hatte hellblaue Augen mit dünnen Brauen. Salm war immer ein Snob gewesen und bildete sich was darauf ein, dass er adelig war – aber seine Familie war so verarmt, dass ihnen schon damals nicht einmal mehr das Schloss gehörte, in dem sie wohnten. Salm beschwerte sich darüber, dass Alma mit einem der Brückenarbeiter geredet hatte. Alma sagte, er solle sie in Ruhe lassen, es gehe ihn überhaupt nichts an, mit wem sie rede.

Als Jugendliche waren Alma und ihr Bruder, Knuppeglas, Salm, Hermann und ich oft in der Gegend umhergestreift, am Benden, im Kalksteinbruch in den Eishöhlen, in den Stollen der stillgelegten Bergwerke, in Erdunterständen und Bunkern aus den letzten Kriegen. Einmal hockten wir auf modrigem Laub in einem Bunker. Alma hatte ihren Pullover ausgezogen. Der Lichtstrahl einer Taschenlampe zeigte auf ihre Knie, tastete sich zwischen ihren Schenkeln hinauf. Salm hatte Almas Bruder Geld gegeben, damit sie sich vor uns auszog. Salm wollte sie gerade berühren. Plötzlich steckte der Bruder die Taschenlampe in seinen Mund. Sie leuchtete durch seine aufgeblähten Wangen, er schaltete sie mehrmals ein und aus. Hermann kroch nach draußen und lief weg. Der Bruder sagte, wir sollten auch verschwinden, dann zeigte der Lichtstrahl auf Salm, der mit heruntergezogener Hose und erigiertem Glied dastand.

«Los, Herr Graf, raus hier, verschwinde», lachte Almas Bruder. Salm kroch raus, stand im Schützengraben, machte seine Hose zu, klopfte den Schmutz von den Hosenbeinen und steckte das Halstuch, das er immer trug, in seinen Hemdkragen.

Salm besuchte ein Internat und kam nur in den Ferien

nach Hause, damals waren gerade Herbstferien, Blätter schneiten auf den Waldboden. Wir liefen durch Schützengräben, den Hang bis zum Flussufer hinunter, wo Hermann weinend saß. Mosaikjungfern und bunt schillernde Prachtlibellen schwebten über seichtem schlammigen Uferwasser, sie machten ruckartige Bewegungen, wurden für einen Moment unsichtbar. Alma war mit ihrem Bruder in dem Erdunterstand geblieben. Als sie abends nach Hause kam, schloss sie sich in ihrem Zimmer ein und ließ weder mich noch Hermann zu sich.

Knuppeglas schimpfte an der Theke weiter über Hermann, geriet schließlich so in Rage, dass er schnaubend durch die Küche, in der wir am Tisch saßen, rannte, ohne dass er von uns Notiz nahm, und zu Hermann hinauflief. Wir hörten ihn die Treppe hinaufpoltern und mit den Fäusten gegen Hermanns Tür trommeln. Er schrie, dass Hermann endlich rauskommen solle.

«Spinnt der denn total, was nimmt der sich denn raus!», empörte sich meine ältere Schwester. Knuppeglas kam zurück, ohne dass mein Bruder geantwortet oder irgendwie reagiert hätte.

«Vielleicht is er ja wirklich nicht mehr in seinem Zimmer», sagte Alma, als sie aus der Gaststätte kam.

«Wir haben doch unsere Zeit auch nicht gestohlen», zischelte Renate, «was machen wir dann überhaupt noch hier?»

«Ausgerechnet jetzt muss der sich so anstellen, wir sind doch auf ihn angewiesen», stellte Salm fest. Salm gehörten die Fischteiche, sie waren das Einzige, was von den Ländereien seiner Familie noch übrig geblieben war. Früher hatte den von Salms fast das ganze Land in dieser Gegend gehört. Doch als sein Vater gestorben war, stellte sich heraus, dass er nur Spielschulden hinterlassen hatte, er hatte Schloss und Ländereien am Roulettetisch verloren. Der alte Salm war oft wochenlang verschwunden gewesen, tauchte dann plötzlich wieder auf, saß bis spät in der Nacht bei uns an der Theke, hielt großspurige Reden und hatte am Ende nicht einmal genug Geld dabei, um seine Zeche zu zahlen. Nach seinem Tod besaßen die von Salms nur noch lebenslanges Wohnrecht in einem kleinen Nebengebäude des Schlosses, das jetzt dem Landschaftsverband gehört.

Während der letzten Jahre hatte Gregor in der Stadt gelebt, kaum Kontakt zu seiner Familie gehabt, der alte Salm hatte immer gesagt, dass sein Sohn zwar studiere, aber nichts dabei herauskommen werde. Nach dem Tod seines Vaters kam Gregor zurück, um sein Erbe anzutreten. Reiher hatten alle Fische gefressen, und die Teiche waren versandet. Hermann und Knuppeglas halfen Salm damals beim Aufbau der Fischzucht. Sie baggerten die Teiche aus, desinfizierten den Grund mit Kalk, erneuerten morsche Dämme, bauten im Jahr darauf ein Bruthaus und begannen mit der Forellenzucht.

Ein Schwarm ist immer von Unruhe getrieben. Vielleicht ist das seine Rettung. Zuerst sind es winzige, fast durchsichtige, licht-scheue, herumwimmelnde Wesen, später ein einziges Wesen, ein einziger großer Fisch, dann wieder dunkel gefärbte, fingerlange Fischchen.

_____

11

Am Ufer stehen Schwarzerlen, das Wasser ist knöcheltief und hüpft glitzernd über Steine. Angler kommen vorbei, laufen zur Eisenbahnbrücke hinunter, klettern auf die Brücke und gehen über den Steg, der neben den Gleisen über den Fluss führt, dann zu den Wiesen beim Campingplatz hinüber, wo sich an der Zufahrt zum Zeltplatz die Campingschenke befindet, ein kleiner flacher Holzbau mit einer Veranda, drinnen sind ein Kiosk, eine Toilette und Duschen. Ich wate aus dem Fluss, setze mich ans Ufer und trinke Schnaps, den ich mir heute Morgen aus dem Keller geholt habe. Nach einigen Schlucken ist es, als würde ich auf dem Wasser treiben, ein Partikel, das von der Strömung mitgenommen wird.

Ich muss daran denken, wie ich gestern gemeinsam mit den Schwestern zu Hermann hinaufgegangen bin. Wir wollten nicht den ganzen Tag herumsitzen und nur abwarten, ob sich etwas tut. Die jüngere Schwester war ungeduldig, sie hatte sich nur für einen Tag Urlaub genommen und ihrem Chef versichert, am nächsten Tag pünktlich wieder im Dienst zu sein. Wir gingen am Abstellraum vorbei, den sich Hermann vor einigen Jahren als Büro eingerichtet hatte. Auf dem Tisch vorm Fenster standen ein Computer, Ordner mit Lieferscheinen und Rechnungen, daneben ein Stapel Zigarrenkisten, in denen Hermann Köderfliegen, Haken und Angelschnüre aufbewahrte. Vom Büroraum führt eine steile Treppe zum Bierkeller hinab, neben der Kellertreppe standen auf einem Absatz rostige Blechbüchsen, Gläser mit Mehl- und Tauwürmern, Holz- und Strauchmaden, Ohrwürmer, die kühl in Sägemehl lagerten, Flaschen mit getrocknetem Gras, mit gefangenen Heuschrecken, Mai- und Steinfliegen, Dosen mit einem Stück Fleisch oder Leber, auf dem Vater die Maden der blauen und grünen Schmeißfliege gezüchtet hatte. Die Maden hatten tropfenförmige, elfenbeinfarbene Körper, winzige, dunkle, vorstehende Äuglein. Vater hatte die Maden lebend auf ein geschärftes Goldhäkchen gezogen, sehr vorsichtig, damit ihr Körper nicht aufplatzte. Als Vater unmäßig zu trinken begann und krank geworden war, hielt er sich fast nur noch im Keller auf und experimentierte mit seinen Ködern, damals erschien er uns wie ein Gespenst. Von Zeit zu Zeit kroch er auf allen Vieren betrunken die Kellertreppe hinauf und wollte raus. Doch Mutter hatte die Tür vorsorglich verschlossen, wollte Vater nicht aus dem Keller lassen, weil er sonst getobt, das Haus demoliert und sie geschlagen hätte. Vater saß dann wimmernd auf den Stufen vor verschlossener Kellertür, bis er schließlich die Treppe wieder hinabpolterte. Nach einiger Zeit kroch er von dort wieder in den Gewölbekeller zurück, zu seinen Dosen, Flaschen, Ködern, Büchern und dem Fluss, der an der dicken Bruchsteinmauer vorbeiströmte. Zuletzt glaubte Vater, wenn er sein Ohr an den feuchten Mauerstein legte, ein Flüstern im Rauschen zu hören, sprach in seinem Delirium mit Fischen und verstorbenen Menschen, deren Stimmen er im Rauschen zu hören meinte.

Als ich hinter den Schwestern an der Kellertür vorbeiging, berührte Renate die Hand der älteren Schwester. In der Kindheit waren beide unzertrennlich gewesen und liefen oft Hand in Hand herum. Einmal, als sie aus der Schule kamen, war Alma mit Vater unten im Keller. Sie hörten, im Flur stehend, Almas und Vaters Stimmen. Seit diesem Tag, nach diesen Minuten im Flur an der Treppe, hatte sich keine der Schwestern mehr in den Keller hinuntergewagt.

Wir gingen durch das Treppenhaus und über den Flur zu Hermanns Zimmer. Alle drei standen wir vor seiner Tür und versuchten, mit unserem Bruder zu reden, ihn zu überzeugen, die Tür zu öffnen. Schließlich sagte Claudia, er solle endlich erwachsen werden, sich fügen, wie alle anderen auch. Aber Hermann antwortete nicht. Es war so still, wir wussten ja nicht einmal, ob Hermann überhaupt in seinem Zimmer war. Renate hatte die Idee, vom Nebenzimmer zu ihm hinüberzuschauen. Ich lehnte mich weit über die Brüstung, blickte auf Hermanns kleinen Balkon, auf dem nur Gerümpel und Plastikstühle standen, aber die Gardinen vor Hermanns Fenster waren zugezogen.

«Siehst du was, Leo?», fragte Claudia.

«Früher wären wir da einfach rübergeklettert», sagte die jüngere Schwester. Sie zog mich zurück, als ich über die Brüstung steigen wollte. «Lass, Leo, die Balkontür wird auch abgesperrt sein.»

Schließlich gingen wir durch den Flur zum Aufenthaltsraum, einem gemütlich eingerichteten großen Zimmer mit einem Sofa, Sesseln, Fernseher und einer Bar, an der sich die Gäste ihre Getränke selbst nehmen konnten. Als Kinder hatten wir oft in diesem Raum gesessen und ferngesehen.

Die jüngere Schwester blieb an die Wand gelehnt stehen und sagte, dass ihr schwindlig sei, sie wisse gar nicht, was sie hier noch mache, Hermann würde sich sowieso nicht helfen lassen, habe immer gemacht, was er wollte, und sich um niemanden geschert. Sie redete von ihrer wichtigen Arbeit, sagte, dass sie für den ganzen Einkauf in der Firma verantwortlich sei und am Abend noch einmal ins Büro müsse, um die Bestellungen zu überprüfen und sie an die Lieferanten rauszuschicken. Wenn sie das nicht täte, hätten sämtliche Filialen am nächsten Tag keine Ware. An der Wand neben ihr hing eine von Hermanns Zeichnungen, eine Groppe. Ich erinnerte mich sofort, wie wir als Kinder mit Hermann im seichten Wasser gestanden hatten; Hermann hatte vorsichtig einen Stein hochgehoben und gewartet, bis der aufgewühlte Schlamm sich gesetzt und er uns diesen urzeitlichen Fisch mit seinem dicken Kopf, den Glupschaugen und Flossen, die wie lange Ohren hinter dem Kopf standen, gezeigt hatte. Ein Fisch, der keine Schwimmblase hatte und, wie ein kleiner Mensch, über den Grund des Flusses wandelte.

Die ältere Schwester redete über Alma, gab ihr die Schuld, dass Hermann so seltsam geworden sei, fügte noch hinzu, sie habe gehört, dass Alma mit einigen Gästen – auch mit Salm – Verhältnisse gehabt hätte.

«Ich will euch gar nicht sagen, was man sich noch alles über die erzählt», empörte sie sich.

«An Hermanns Stelle hätte ich die längst aus dem Haus geworfen», regte sich auch die Jüngere auf. Eigentlich hatten die Schwestern immer schon gegen Alma gewettert, besonders die Jüngere, die am längsten zu Hause gewohnt hatte und noch da war, als wir anderen das Elternhaus schon verlassen hatten.

Claudia erzählte, was sich zuletzt an den Karnevalstagen zugetragen hatte: «Für den Umzug hatten die ein Schiff gebaut, auf dem saß Hermann als große Pappfigur, eine Angel in der Hand und am Haken die Holländerin als barbusige Nixe.» Sie erzählte, dass Hermann auch beim letzten Schützenfest von Salm und Knuppeglas im Leiterwagen sitzend und völlig betrunken mit einer Pappkrone auf dem Kopf durch den Ort gezogen worden war. Er sei außerdem noch vor Kurzem, nach einer durchzechten Nacht in der Campingschenke, durch die Straßen getorkelt, habe immerzu ‹Glückseligkeit ... unsere Glückseligkeit› gegrölt, Verse aus einem Kirchenlied, schließlich habe er sich mitten auf die Fahrbahn gelegt, die Arme ausgebreitet und zu weinen begonnen. Er sei nicht mehr dazu zu bewegen gewesen aufzustehen. Claudia wurde laut: «Es musste ja irgendwann so kommen, man muss sich ja schämen, solch einen Bruder zu haben.» Sie verstummte, als ein Brückenarbeiter hereinkam. Der Arbeiter ging zur Kühltheke, holte ein Mineralwasser heraus, trank es in einem Zug aus und ging dann zum Frühstück runter in die Gaststätte.

Die jüngere Schwester blickte aus dem Fenster, auf den heruntergekommenen Hof von Reese am anderen Ufer. Ein schmaler Pfad führte am Bruchsteingemäuer des Stalls vorbei. In der Uferböschung wuchsen niedrige Sträucher, Weiden, Spring- und Pfeilkraut und Binsen, ein Reiher stakte vorsichtig, ein Bein vor das andere setzend, durch das seichte Uferwasser, blieb dann reglos stehen und starrte auf eine Stelle im Wasser. Jemand im Flur trat auf eine knarrende Diele, ich erinnerte mich, wie Mutter immer spätabends mit der Kasse, in der sich die spärlichen Tageseinnahmen befanden, müde die Treppe hochstieg, die Teppichstangen quietschten, fremde Stimmen aus den Gästezimmern, Liebhaber, die Mutter nach oben begleiteten, erinnerte mich an Angler, die Aale gefangen hatten und in einem Eimer in den Saal stellten und dass dann die Aale am nächsten Morgen spurlos verschwunden waren. Wir mussten den Eimer mit den Aalen suchen, weil sie für die Angelgäste zubereitet werden sollten. Das Wasser in der Küche kochte schon, Aale wurden lebend in den Topf geworfen, damit ihre Haut sich besser abziehen ließ, zudem schmeckte ihr Fleisch dann besser. Wir suchten im Tanzsaal, das Parkett roch nach Bohnerwachs, wir krochen unter die Tische, sahen hinter die Heizungskörper, unter die Bühne, wo sich früher tingelnde Schauspieler maskierten, wo alles voller Gerümpel stand und die Wände mit staubigem bunten Krepppapier verkleidet waren. Die Aale waren einfach weg, wie vom Erdboden verschwunden. Hermann erzählte uns, dass sich Aale nachts über die Wiesen schlängeln, Milch aus Zitzen schlafender Kühe saugen und den Geruch ihres Heimatflusses an ihre Nachkommen irgendwo in den Tiefen des Meeres vererben. Warum sollten Aale nicht auch andere Zauberkunststücke beherrschen, sich unsichtbar machen oder in Luft auflösen können? Wir suchten weiter: auf der Saalbühne, wo Mutters Klavier stand, an der Wand zwischen den Fenstern, wo ein Gemälde von Onkel Jakob hing; es zeigte die Stiftskirche auf dem Bergsporn, den Bahnhof, den Tunnelkopf, unseren Fluss, wie er sich als blaues Band träumend und glitzernd um den Ort schlängelte. Onkel Jakob hatte es gemalt, nachdem er aus russischer Kriegsgefangenschaft zurückgekommen war. Wochenlang saß er schweigend auf der Bühne, sah über das Dach des Anbaus auf den Fluss und begann schließlich zu malen, malte die Bilder, die er im Fluss sah, seinen Heimatort, nicht wie er in Wirklichkeit existierte, sondern so wie er in seiner Erinnerung gewesen war, als er von Sibirien bis zurück in die Eifel gewandert war, malte seine Heimat so, wie er sie sehen wollte. Kurz nachdem er das Bild beendet hatte, starb er. Mutter erbte daraufhin die Gastwirtschaft, die eigentlich ihrem älteren Bruder Jakob zugestanden hätte. In den Jahren vor Vaters Tod wurde der Saal an Veranstalter von Kaffeefahrten vermietet. Alte Leute reisten mit Bussen an, saßen an einer langen, vor der Bühne aufgebauten Tafel und hörten einem Verkäufer zu, der ihnen Kissen, Heizdecken, Teppiche oder andere Dinge aufschwatzte. Ich erinnere mich, wie ich nachmittags, als niemand in der Gaststätte war, mit Hermann unter die Stammtischbank kroch und wie wir den ganzen Tag dort ausharrten, schließlich einschliefen und erst spät am Abend wieder wach wurden. Wir trauten uns nicht mehr unter der Bank hervor. Männer stritten sich an der Theke, ich sah Bierpfützen, Schuhwerk von Bauern, Zementwerksarbeitern, Lastwagenfahrern. Glasscherben knirschten. «Ich schlag dich tot», schrie einer. Sartorius kam, um die Streithähne zu trennen. Später, als alle gegangen und die Tür der Gaststätte abgeschlossen war, sahen wir Almas Turnschuhe, hörten, wie sie das Fenster öffnete, der Lärm des Rauschen hereindrang.

Blätter schweben aufs Wasser, wo sie, sich langsam drehend, in der Strömung treiben, auch Erinnerungen und Träume treiben vorbei, es gibt keinen Unterschied zwischen unseren Vorstellungen und der Wirklichkeit, alles sinkt irgendwann auf den Grund des Flusses, in stille Erinnerung, ins Alleinsein. Vater sagte immer, dass man nur allein richtig fischen könne. Erinnern kann man sich auch nur allein, so ist der Grund und die Tiefe von allem das Alleinsein.

Eine Wasseramsel scharrt im Laub, vom Campingplatz her höre ich Stimmen. Salm und Knuppeglas sind aus ihrem Transporter gestiegen und gehen zur Schenke. Gestern haben sie den ganzen Tag Setzlinge ausgebracht, auch heute sind sie wieder damit beschäftigt, haben es aber nicht mehr so eilig, weil das Wetter besser geworden ist – ein schöner lauer Herbsttag, der durch nichts daran erinnert, was gestern geschehen ist. Ich denke wieder an unser Gespräch am gestrigen Morgen, als wir, nachdem wir nicht zu Hermann vorgedrungen waren, wieder in der Küche saßen. Alma bediente die Brückenarbeiter, wir redeten über Hermann, dachten darüber nach, was wir tun könnten. Die ältere Schwester sagte, dass Hermann immer schon etwas seltsam gewesen sei – nach seinem Unfall im Zementwerk sei es aber noch schlimmer geworden.

«Ich hab mich für ihn geschämt», sagte Claudia. «Mein Mann musste sich in seiner Schule rotzfreche Bemerkungen von den Schülern anhören … Und dann diese Holländerin, der er wie ein läufiger Hund hinterhergerannt ist. Als man die dann im Frühjahr im Fluss gefunden hat, dachten einige hier, dass Hermann was damit zu tun hätte. Ja, ja, für euch ist das alles ganz einfach, ihr lebt ja nicht hier.»

Die jüngere Schwester entgegnete: «Was ist denn so schlimm daran, wenn jemand sich in sein Zimmer einschließt und nicht mehr rauskommen will? Hermann will mit sich allein sein, eigentlich wollte er's ja immer schon.»

Alma war in die Küche zurückgekommen, schnitt Brot, holte dann Wurstaufschnitt aus dem Kühlschrank und erzählte, während sie den Aufschnitt auf eine Platte legte, dass Hermann sich in den letzten Monaten mit Salm und Knuppeglas herumgetrieben habe, so wie früher, bevor er von zu Hause weggegangen und zur See gefahren sei. Er sei wieder oft in der Campingschenke gewesen, dort verkehrten doch nur Gesindel, Amis und Drogentypen. Alma brachte Kaffee und Tee in die Gaststätte. Zurück in der Küche, nahm sie Eier aus dem Korb, den Reese mitgebracht hatte, und machte Rühreier. Reese hält noch ein paar Hühner, sie geht jeden Tag, bevor sie zu uns kommt, in den Stall, sieht nach ihren Hühnern und sammelt die Eier ein. Alma nahm ein Ei nach dem anderen, zupfte die Flaumfedern ab, schlug die Schalen am Pfannenrand auf.

Claudia und Renate waren wieder zu Hermann hinaufgegangen. Alma sagte, dass die Schwestern all die Jahre nicht angerufen, sich weder um Hermann noch um Mutter gekümmert hätten. Claudia habe sogar, wenn sie auf dem Weg zum Markt an der Gaststätte vorbeigegangen sei, zur anderen Straßenseite gewechselt – überhaupt halte sie sich wohl für was Besseres mit ihrem Gymnasiallehrer, den niemand hier ausstehen könne. Wenn die wüsste, dass ihr Sohn hin und wieder mit Freunden zum Kickerspielen hierherkomme …

Alma eilte mit den Rühreiern in den Gastraum, kam wieder zurück, ging zum Schrank, öffnete die obere Tür, stellte sich auf die Zehenspitzen, holte die Maggiwürze heraus und brachte sie den Gästen. Währenddessen war ein Zug in den Bahnhof eingefahren. Mit einem dieser Züge war Vater Ende der Vierzigerjahre in unseren Ort gekommen. Einer seiner Bekannten hatte von unserer Gegend geschwärmt, von den klaren fischreichen Gewässern, von Maaren, in deren Tiefen armlange Aale lebten. Er hatte eine Angelausrüstung dabeigehabt, einen Rucksack, Kleider und viele Bücher. Die Fliege von Paul Maclean hakte an der Brusttasche seiner Anglerweste. Maclean war damals bereits tot gewesen, in einem kleinen Städtchen in Montana erschlagen von Männern, bei denen er Spielschulden gehabt hatte, und Norman, sein Bruder, schrieb gerade an der ersten Fassung des Romans über Paul und das Fliegenfischen. Vater war groß und schlank gewesen, ein stattlicher junger Mann, hatte Reese erzählt, der einen Hut mit kleinen bunt schillernden Eichelhäherfedern trug. Er beabsichtigte während seines Urlaubs, Forellen zu fischen, die größten Forellen, die es bei uns gab, wollte er fangen. Danach hatte er vor, noch einige Jahre zu arbeiten, genau so lange, bis er genug Geld hatte, um Reisen zu unternehmen und Bücher zu schreiben.

Als Vater zum ersten Mal die Gaststätte betrat, war ein schöner Herbstmorgen, genau wie heute, ja, er kam herein, setzte sich an die Theke, bestellte ein Bier. Er entdeckte Mutter und konnte den Blick nicht mehr von ihr lassen. Mutter saß auf einem Hocker hinter der Theke. Sie trug ein blaues Kleid mit weißen Pünktchen, hatte dickes, kastanienrotes, schulterlanges Haar und katzengrüne Augen. Vater war so fasziniert von ihr, dass er zumindest für einige Zeit seine Leidenschaft für das Fischen vergaß. Er verliebte sich sofort in Mutter, sie war um einige Jahre älter, in vielen Dingen erfahrener. Schon einige Monate später heirateten sie. Vielleicht hatte Vater insgeheim gedacht, er könnte jetzt nur noch seiner Leidenschaft, dem Fischen, nachgehen und müsste nicht mehr arbeiten. Doch die Wirklichkeit sah anders aus, er musste sich eine Arbeit suchen und etwas dazuverdienen, zuerst war er auf Montage, bis er dann eine Anstellung im Zementwerk fand. Er wurde immer unzufriedener, trank und redete davon, was er im Leben alles versäumt habe, wie groß sein Talent gewesen sei und was er alles noch machen wolle. Aber er hatte gar kein Talent, nur die Leidenschaft zum Fischen. In seiner Heimatstadt war er ein kleiner Angestellter in einer Eisenwarenhandlung gewesen, den Kopf voller Bücher und Illusionen. Mutter warf ihm später oft vor, er habe sie nur geheiratet, um nicht arbeiten zu müssen, er habe sich nur ein bequemes Leben erhofft.

Wenn Vater hinter der Theke stand, trank er mit den Gästen, prahlte und redete bedeutungsvoll, ließ alle spüren, wie dumm und ungebildet sie doch seien, zitierte aus seinen geliebten Schriften von Bakunin und Stirner und dem «Vollkommenen Angler» von Izaak Walton. Den Leuten hier sagte dies alles nichts. Betrunken schwadronierte Vater von der Eifel, einem von unzähligen großen und kleinen Flüssen durchzogenen Wasserland, den vielfältigen Fischen, einer Chronik des Ortes, die er schreiben werde, die in der Zeit beginne, als es noch keine Menschen gegeben habe, als die Eifel noch ein seichtes Meer gewesen sei, mit Seelilien, Korallenbänken und urzeitlichen Fischen. Später, nachdem sich Kontinente zu Gebirgen gefaltet hatten, Eiszeiten vergangen waren, das Meer sich zurückgezogen hatte, entstanden öde Wüstenlandstriche. In diesem heißen, trockenen Klima wurde unser Tal in Regenzeiten überschwemmt. Im Laufe von Jahrmillionen waren immer neue Welten entstanden, so auch das Tal, wie es jetzt ist, mit seinen engen bewaldeten Schluchten, durch die sich der Fluss seit Jahrhunderten seinen Weg bahnt, gespeist von klaren Bächen und Rinnsalen, die, ähnlich den Zweigen und Ästen eines Baumes, von den Hängen herab den Fluss mit Wasser versorgen. Vater sprach von der Besiedlung der Eifel durch die Kelten, die Franken, den durch die Eifel ziehenden brandschatzenden Wikingern, von römischen Villen und Kastellen, dem dunklen Mittelalter, der Zeit unter preußischer Herrschaft und den Franzosenkriegen, den Söhnen des Ortes, die mit Napoleons Armee Ägypten eroberten, die mit dem großen Feldherrn nach Russland zogen und im Schnee erfroren, vom Bau der Eisenbahnlinien, dem Weltkrieg, in dem die Eifel ein großes Schlachtfeld gewesen war. Vater erzählte von Menschen und Fischen, dem uralten Fisch Ichthys.

«Wir sind nicht mehr als winzige Schaumblasen auf einer Welle in einem flüchtigen Augenblick», pflegte er oft betrunken zu philosophieren. Hohlmeier, Mettgraf, Braden, Kronbus, Claes, Schwickrath, Delamot, Welter und wer sonst noch an der Theke stand, sie ließen ihn reden, tranken auf seine Kosten, bis sie betrunken waren, und erzählten ihm dann ihrerseits unglaubliche Lügengeschichten, die Vater gern für wahr annahm. Er notierte alles in Hefte und glaubte tatsächlich alles – obwohl er eigentlich kein dummer Mann und in gewisser Weise klug und gebildet war. Er sagte einmal, niemand könne wissen, was wirklich wahr oder falsch sei, daher sei es klüger, dasjenige zu glauben, das man glauben möchte, auch wenn es noch so fantastisch sei.

Hermann war wie Vater, vor allem hatten sie dasselbe Verhältnis zum Fluss und zu den Fischen. Vater nahm Hermann schon als kleinen Jungen mit zum Fischen – mich beachtete er bald nicht mehr, ich war kein so gelehriger Schüler. Hermann war mehr Vaters Sohn, als es ein leiblicher je hätte sein können. Er wollte, dass Hermann das Gymnasium besuchte, und er ahnte große Begabungen in ihm. Hermann sollte all das machen, was Vater selbst gern erreicht hätte.

Mein Bruder löste tatsächlich Mathematikaufgaben schneller als seine Mitschüler, warf nur einen Blick darauf und hatte sofort die Lösung parat – doch Rechtschreibung konnte er nicht gut, er machte zu viele Fehler, so viele, dass man oft gar nicht verstand, was er geschrieben hatte. Als ich später in der Schule auf Hermanns Platz saß und meine Aufgaben nicht sogleich lösen konnte, sah der Lehrer, der auch Hermann unterrichtet hatte, mitleidig auf mich herab und fragte: «Bist du dir sicher, dass du Hermanns Bruder bist?» Hermann war zu dieser Zeit bereits auf dem Gymnasium. Aber das Lernen fiel ihm dort nicht mehr so leicht, wie wir alle angenommen hatten. Er hockte alleine in der hintersten Reihe, malte seine Fischbilder, träumte vom Angeln, schwänzte die Schule und stromerte dann am Fluss entlang. Manchmal traf er sich abends heimlich mit Alma, spazierte mit ihr zur Mariensäule, wo sie bis in die Nacht hinein saßen und redeten. Alma erzählte er damals schon, dass er keine Lust habe, all die unnützen Dinge zu lernen, dass er vieles nicht verstehe und auch nicht verstehen wolle. Vater konnte ihm noch so sehr zureden, Hermann gab sich in der Schule keine Mühe mehr, war längst zum Gespött seiner Mitschüler geworden, sodass er das Gymnasium verließ und bald wieder unsere kleine Schule besuchte.

Groppe *(Cottus gobio),* ihr dicker Kopf mit breitem Maul lugt aus einer Höhle unter einem Stein hervor. Sie ist ein Geschichtenerzähler, der im Schlamm wühlt und Dinge hervorbringt, die niemand hören will, so wie Zehners nutzlos dahergeplappertes Gerede. Die Groppe hat keine Schwimmblase, bewegt sich nachts mit gespreizter Brustflosse ruckartig über den Flussgrund. Sie hat einen keulenförmigen, schuppenlosen Körper, ihr Rücken und die Flanken sind grau mit unregelmäßigen Marmorierungen und Fleckenmustern, auf dem Rücken hat sie einen kräftigen nach hinten gekrümmten Dorn, eine große gefleckte Brust- und Bauchflosse. Nur diese Hässlichkeit bewirkt, dass sie immerzu Geschichten erzählen muss.

12

Der Fluss ist eine Matrize, auf der sich alles unentzifferbar einritzt – für uns bleibt es danach verborgen –, aber ich weiß, dass es dennoch da ist, man es ahnen und davon träumen kann, vielleicht wissen die Fische es auch. Es hilft mir, dass ich im Fluss stehe und fische, es lenkt mich ab, verlangt gleichzeitig hohe Konzentration. Erinnerungen treiben auf mich zu, verschwinden wieder, und andere kommen.

Gestern Morgen rollte Reeses Wollknäuel vom Küchentisch, kam neben dem Tischbein zu liegen, die Schwester bückte sich, um das Knäuel aufzuheben. Der Wollfaden kringelte sich auf dem Boden. Reese zog am Faden, die Nadeln klickten wieder gegeneinander. Sie redete vom Kirchenchor, in dem sie als junge Frau gesungen hatte, vom Munitionsbunker im Kalvarienberg, wie ein Soldat damals kurz nach dem Krieg in die Gaststätte gestürzt war und geschrien hatte, der Bunker brenne, und Reese mit Mutter Hals über Kopf aus der Stadt geflohen war; sie hatten das alte Schwimmbad erreicht, als die Sirenen heulten, die Erde bebte, und der Kalvarienberg mit der Kapelle des Einsiedlers flog in die Luft, eine riesige Staubwolke verdunkelte das ganze Tal. Lange rieselte Staub herab, es war düster, obwohl es helllichter Tag war. Als sie nach Hause kamen, war alles zerstört und voller Staub, wie nach einem schrecklichen Bombenangriff, die Kuppe des Kalvarienberges war weggesprengt, auch die kleine Kapelle, in der vor langer, langer Zeit der Einsiedler gelebt hatte, von dem Reese behauptete, er sei der erste Arimond gewesen.

Reese erzählte von Valentin, und während ich am Fluss sitze und auf das Wasser sehe, glaube ich Mutter und Valentin in den kleinen glitzernden Wellen zu sehen, wie sie an einem Winterabend vor dem Krieg in den Borgward steigen, der sich dann auf der Höhenstraße zwischen Hallschlag und Prüm überschlägt und einen Hang hinunterfällt. Mutter liegt schwer verletzt auf dem Feld, während Valentin schreiend im Auto verbrennt. Reese hörte einen Moment auf zu stricken, blickte mich an und sagte, dass Mutter Valentin sehr geliebt habe, als sei dies eine Entschuldigung für alles. Nach Valentins Tod sei sie eine andere geworden, habe keine Gefühle mehr gehabt, auch später für ihre eigenen Kinder nicht. Kurz nach Kriegsende sei der Holzaufkäufer zum ersten Mal in die Gaststätte gekommen. Damals habe es an den Markttagen im Ort von Bauern nur so gewimmelt, die mit Pferden, Kühen, Ochsen, Schweinen und Federvieh handelten. Der Holzaufkäufer sei damals oft in die Gaststätte gekommen. Erst Jahre später, als sich das Holzgeschäft nicht mehr lohnte und die Bauern sich nicht mehr so leicht übervorteilen ließen, wechselte er die Branche, fuhr mit dem Perseus, einem elektrischen Akupunkturgerät, von Dorf zu Dorf. Er glaubte, Erkrankungen mit dem Wundergerät heilen zu können, und witterte das große Geschäft. Vielleicht ist dieser Holzaufkäufer Hermanns Vater und vielleicht auch meiner. Aber vielleicht war mein Vater auch irgendein durchreisender Vertreter oder ein amerikanischer Soldat, es war mir damals nicht wichtig gewesen, es herauszufinden, ich dachte, dass ich ganz allein für mich verantwortlich sei, und vielleicht wollte ich auch nur Hermanns richtiger Bruder bleiben.

Reese erzählte weiter, wie Hermann geboren wurde, später ich und anschließend die Schwestern.

Als wir schon nicht mehr zu Hause lebten, stritt sich Hermann oft mit Vater, wegen Dingen, die geschehen waren und sich nicht mehr ändern ließen. Schließlich lebte Hermann als Einziger von uns noch zu Hause, er ging allein fischen, wurde immer eigenbrötlerischer. Nachdem ich den Heimatort endlich verlassen hatte, interessierte mich das nicht mehr. Es war eine Zeit lang so, als gäbe es meine Familie, den Ort und die Menschen gar nicht mehr, als hätte ich sie für immer vergessen, als hätte das alles nie existiert.

Ich wate ans Ufer, setze mich auf der Böschung ins Gras und sehe auf den Fluss. Ich werfe ein Stöckchen hinein, es wird von der Randströmung erfasst, treibt auf die Mitte zu, dreht sich langsam um die eigene Achse. Ich lege mich auf die Wiese, höre das Wasser glucksend vorbeiströmen, sehe zum Himmel auf und treibe mit Hermann und Alma auf unserem Floß den Fluss hinunter. Wir hatten das Floß aus Brettern und Kanistern gebaut, die wir im Steinbruch geklaut hatten. Alma lag zwischen uns, sie gehörte uns beiden – jedenfalls glaubten wir das für eine kurze Zeit, weil wir glaubten, dass Menschen einander gehören könnten. Alma kraulte in unseren Haaren, lachte, und ihr Lachen glitzerte auf dem Wasser, in das sie kopfüber sprang und herumschwamm. Dann kletterte sie wieder auf unser Floß, setzte sich zu uns und untersuchte die Haut zwischen ihren Zehen. Ihre Haare kringelten sich von der Nässe. Ich versuche mich an die junge Alma zu erinnern, an uns, wie wir einmal gewesen waren, ich komme mir vor wie der Fisch, den ich gerade fangen will, weil ich nur ein paar schöne vergessene Momente gelebt habe.

Jetzt fährt auf der anderen Flussseite der Neunuhrzug dicht am Ufer vorbei. Winzige Insekten werden mit aufgewirbelten Blättern aufs Wasser geweht, die Fische steigen gierig danach. Vielleicht werde ich es an dieser Stelle versuchen, vielleicht fange ich hier meinen Fisch.

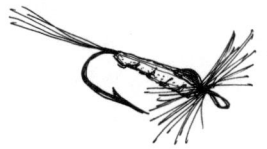

Die Nassfliegen sollen dem Fisch ein ertrunkenes Insekt, eine zur
Wasseroberfläche aufsteigende Larve oder die Nymphe eines gerade vor dem Ausschlüpfen stehenden Insekts vortäuschen. Entweder die Nassfliege ahmt ein echtes Insekt so naturgetreu wie möglich nach, oder sie ist ein Augenfänger, der allein durch Form und
Farbe die Aufmerksamkeit des Fisches erregt.

13

Ich stand gestern früh hinter der Theke und half Alma. Sie sagte, dass sonst nie so viel Betrieb an Markttagen sei, schon seit Jahren nicht mehr, und nun wohnten auch noch die Brückenarbeiter und Angler im Haus – aber sie wolle sich nicht beschweren, denn sonst säße meist nur Zehner in der Gaststätte. Ich zapfte gerade Bier, als Märktler hereinkamen und Zehner ihnen zurief, dass der Bauer nur noch ein Knecht sei, der mit seinem großen Traktor immerzu im Kreis fahre, bis er dann verrecke, der Tod dauere das ganze Leben und ende, wenn er eintrete.

«Es gibt keine Arbeit mehr, keine Arbeit für nichts», schrie er.

Alma servierte Kaffee. Eine Frau mit vollgepackten Einkaufstaschen saß in einer Ecke an einem Tisch, ein dicker Mann mit einem gezwirbelten Schnurrbart und langen Koteletten bestellte einen Schoppen Wein, rauchte seine Zigarette mit einer Spitze, erwiderte, zu Zehner gewandt, dass jeder, der Arbeit haben wolle, sie auch bekomme, dass sie in anderen Ländern faul seien, er selbst sei nie in Afrika gewesen, aber es müsse doch einen Grund haben, dass die dort hungerten, wir hier aber nicht, denn weil wir fleißig seien, gehe es uns auch gut. Dann redeten alle durcheinander, und niemand hörte dem anderen mehr zu.

«Es werden hier ja immer weniger Marktstände, bald lohnt es sich überhaupt nicht mehr herzukommen», sagte einer.

Zehner sprach jetzt über die Kriegsjahre, erzählte von einem Polen, der Kriegsgefangener gewesen war und, als Zehner noch ein Kind war, in ihrer Mühle arbeitete. Dieser

Pole hatte eine Liebschaft mit einer deutschen Frau, was für einen Polen verboten gewesen sei. Zehner sagte, heute wolle keiner mehr wissen, was sie mit ihm damals gemacht hätten. Dann erzählte er, wie er die beiden im Heuschober beim Lieben beobachtet hatte, von ihren nackten Hintern sprach er und den fuchsfarbenen Haaren dieser Frau, die man später abtransportierte, von den Schwalben, die zu ihren Nestern unterm Dach geflogen waren und ihre Jungen gefüttert hatten, den ganzen Tag hatten sie nichts anderes getan, sich mit ihren Krallen an den Nestern festgeklammert und Insekten in gierig aufgerissene Mäuler gestopft. «Den ganz'n Tag bis zum Dämmern ... war nicht mehr viel Zeit, musst'n die Jungen groß krieg'n ... und wegflieg'n nach Afrika ... un' dann war se auch weg ... weg ... weg.»

Alma ging in die Küche, um die Thermoskanne aus der Kaffeemaschine zu holen. Sie kam zu mir, lächelte und sagte, sie freue sich, dass ich wieder mal nach Hause gekommen sei. Dann verschwand sie wieder in der Küche. In der Gaststätte waren alle versorgt, die meisten Märktler wieder gegangen. Die Schwestern schienen irgendwo im Haus unterwegs zu sein. Vielleicht wollten sie noch einmal mit Hermann reden oder suchten nach ihm, weil sie meinten, er sei gar nicht mehr in seinem Zimmer, sondern irgendwo am Fluss bei seinen Fischen, wie Salm und Knuppeglas behauptet hatten.

Als ich, nachdem ich die Gäste bedient hatte, zu Alma in die Küche kam, sagte sie, dass das alles überhaupt keinen Zweck mehr habe. Hermann würde, wenn er überhaupt noch in seinem Zimmer sei, die Tür doch nicht aufmachen, er habe auch seit Tagen nichts mehr gegessen.

«Ich dachte, Leo, auf dich würde er hören. Was machen wir nur, wenn Sartorius kommt?» Alma sah müde aus, ich vermutete wegen der Sorgen, die sie in der letzten Zeit mit Hermann gehabt hatte. Ich fragte mich, was sie an ihm gefunden hatte, was an ihm so Besonderes gewesen war, wieso sie ihn mir vorgezogen hatte, wieso sie nicht von hier weggegangen war, wie sie es immer gewollt hatte. Wenn sie mit uns auf dem Floß gelegen hatte, hatte sie immer von Paris erzählt, obwohl sie noch nie dort gewesen war, sie wollte nach Paris und in einem Hotel arbeiten. Wenn Belgier bei uns logierten, versuchte sie, mit ihnen Französisch zu reden. Sie hatte uns einmal erklärt, dass Arimond, der Name unserer Familie, auch französisch sei und so viel bedeute wie Adlerberg. In ihrem Zimmer hing ein Stadtplan von Paris, den sie auswendig kannte. Sie hatte Verwandte in Paris, die einmal zu Besuch gekommen waren, eine Woche bei uns übernachteten und in der Hauptsaison drei Zimmer belegten, die Alma von ihrem spärlichen Gehalt bezahlte.

Ich fragte Alma, warum sie damals nicht nach Paris gegangen sei. Sie sagte, dass Hermann und Mutter nicht ohne sie zurechtgekommen wären. «Ihr wart ja alle weg, deshalb bin ich zurückgekommen, aber wenn ich das geahnt hätte, wäre ich jetzt nicht hier. Hermann wollte doch auch nichts mehr von mir wissen, und nachdem er diese Frau kennengelernt hatte, erst recht nicht mehr. Deine Schwestern wollen mich hier raus haben. Sie machen mir Vorwürfe wegen des Zustands des Hauses, nur wenn du dabei bist, sagen sie nichts. Ich kann nichts dafür, dass es so gekommen ist, Leo. Was hätte ich denn machen sollen?»

Die Gäste wollten einen Imbiss, an der Theke musste bedient werden. Die Brückenarbeiter standen vom Frühstückstisch auf, zogen ihre Regenjacken an, setzten die Schutzhelme auf, einer kam, bevor er die Gaststätte verließ, zur Theke und tuschelte mit Alma. Nachdem die Arbeiter gegangen waren, räumte Alma ihr Frühstücksgeschirr ab, kam damit in die Küche, stellte es auf die Anrichte und begann mit dem Abwasch. Reese legte ihr Strickzeug auf den Küchentisch, schlurfte zur Anrichte, nahm ein Küchentuch und trocknete die Töpfe und Pfannen ab. Sie stellte einen schweren Gusstopf auf die Spüle, wischte ihn innen trocken, fuhr dann mit dem Tuch außen herum, stellte ihn auf die Anrichte und räumte das schmutzige Besteck in die Spülmaschine.

Während Alma und Reese spülten, saß ich allein am Küchentisch. Ich hörte die Mailbox meines Handys ab und legte es in die Rucksacktasche zurück, stand auf, ging zum Fenster und sah zum Fluss. Der Nebel überm Wasser löste sich auf, zog am Ufer entlang und verfing sich wie ein zartes Tuch im Ufergestrüpp, es nieselte leicht. Auf der Brücke holten die Arbeiter Werkzeug aus einem Pritschenwagen. Sie bohrten Löcher, spannten eine Schnur, vermaßen etwas. Alma sagte, dass die Brückenarbeiter nun schon seit zwei Wochen bei uns logierten. Die Brückenarbeiter seien sehr angenehme Gäste. Ein Zug hielt am Bahnhof. Schüler und eine Wandergruppe stiegen aus. Einige Schüler kamen in die Gaststätte zum Kickerspielen. Sie warteten auf ihren Bus, redeten darüber, dass ihr Lehrer plötzlich erkrankt und der Unterricht ausgefallen sei. Alma bat mich, die Schüler zu bedienen. Sie trugen Aufnäher des Gymnasiums, das auch Hermann besucht hatte – das Bildnis des heiligen Hermann Joseph, der die Eifel christianisiert hatte und nach dem auch Hermann, wie viele hier in der Gegend, seinen Namen erhalten hatte. Vielleicht hätte Hermann nicht aufs Gymnasium gehen sollen, vielleicht fängt das Unglück damit an, dass man Dinge lernen muss, die man nicht lernen will, dass man plötzlich in einer Welt ist, in die man nicht gehört, in der man sich völlig fremd fühlt.

Ich kann nicht behaupten, dass ich für Hermann in diesen Jahren ein guter Bruder gewesen bin, ich fing damals an, ihn zu verspotten, wie es auch meine Freunde taten – alles, was er machte und was ich früher bewundert hatte, erschien mir nun lächerlich. Eifersüchtig war ich, weil Alma sich seinetwegen von mir abgewandt hatte, sich nur noch um ihn kümmerte, dass alle sich nur noch um Hermann bemühten.

Ich bezweifle, dass unsere Mutter von diesen Vorgängen etwas mitbekommen hat, weiß nicht, in welcher Welt sie damals lebte und ob sie nach Valentins Tod noch etwas wirklich interessierte, außer ihren gelegentlichen Eskapaden mit fremden Männern. Reese jedenfalls sagte einmal, dass nach Valentins Tod ihre Lebensfreude plötzlich dahin gewesen sei. Sie habe früher viel gelacht, gesungen und Klavier gespielt, danach aber nichts mehr dergleichen getan.

Damals war mir egal, was Reese sagte, der wichtigste Mensch für mich war Alma. Ich prügelte mich ihretwegen mit Hermann, ohne dass es offen zur Sprache kam. Es war leicht, Hermann zu demütigen, er ließ sich alles gefallen, nur um seine Ruhe zu haben. Obwohl ich jünger war, war ich ihm körperlich überlegen. Ich hatte damals vor nichts

Angst außer vorm Alleinsein – Angst vorm Alleinsein hatte Hermann nicht, der konnte tagelang alleine sein. Wir waren in vieler Hinsicht verschieden. Hermann zog sich mit der Zeit immer mehr zurück, während ich mich herumprügelte und Gesellschaft suchte, wenn auch keine gute.

Einer der Schüler hängte seinen Parka über die Stuhllehne und krempelte die Hemdsärmel hoch. Die anderen warteten auf ihn und drehten währenddessen ungeduldig an den Kickerstangen. Ich brachte den Jungen Cola und Limonade zum Kicker. Als Hermann auf dem Gymnasium gewesen war, hatte er jeden Tag Angst, in die Schule zu gehen, nachts redete er im Traum und wachte oft verschwitzt auf. Er konnte es Vater nicht sagen, wollte ihn nicht enttäuschen.

Zehner torkelte durch die Gaststätte und die Treppe hinunter zum Pissoir. Die Pissoirtür pendelte und schrammte über die Fliesen. Er stand vermutlich unten und pinkelte gegen die gekachelte Wand, sein Lallen schallte bis zum Gastraum hoch. Der Tabaklieferant kam herein, er hatte den Zigarettenautomaten an der Wand neben dem Eingang zur Gaststätte aufgefüllt, er trank ein Bier und spielte mit seinem Handy herum, achtete nicht auf Zehners Gerede, der nun wieder an der Theke saß. Zehner redete von der Holländerin, sie habe Sommersprossen unter den Augen und auf den Nasenflügeln gehabt, sei aus dem Fluss gezogen worden, zwischen den Zehen Schlamm, Wasserläufer mit goldfarbenen Füßchen in ihrer Hand. Er zog Kickerbälle aus seiner Tasche und sagte: «So dick und hart waren meine Eier.» – Immer wieder tickte er die Bälle gegeneinander. «… hat gelutscht, bis sie so hart waren.» Dann beschrieb er wieder, wie sie unter dem Eis aufgetaucht war, dass sie blaue Ohrenschützer trug und ihre Augen wie von Nadeln zerstochen waren. Überall in der Nähe seien Schleien gewesen, denn die Schleie sei ein Totenfisch.

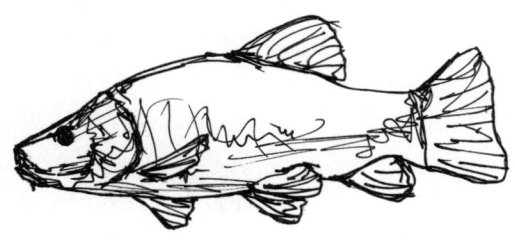

Die Schleie *(Tinca tinca)* hat einen gedrungenen kräftigen Körper mit hohem Schwanzstiel. Ihr Rücken ist meist dunkelgrün oder braun, die Flanken sind hell und glänzen messingfarben. Jeder Fisch hat seinen ihm zugewiesenen Platz im Fluss. So bewohnt die Schleie langsam fließendes, weichgründiges Gewässer und lebt tagsüber am Grund zwischen dichten Pflanzenbeständen. Erst in der Dämmerung wird sie aktiv. Zum Laichen schließen sich die Schleien in Schwärmen zusammen und suchen flache, durchsonnte Uferbereiche mit dichtem Pflanzenbewuchs auf.

14

Ich versuche mein Glück mit einer 012er Vorfachspitze, an
die ich eine künstliche Hoflandsfliege knüpfe. Die Hoflandsfliege ist bei direkter Sonneneinstrahlung geeignet, da
sie selbst auf irisierenden Wasseroberflächen gut zu erkennen ist. Hermann hat sie mit roter Seide gebunden, die
Flügel sind aus den hellbraun gesprenkelten Schwungfeder-
spitzen einer Fasanenhenne gefertigt. Ich ziehe die Vor-
fachschnur durch einen gefalteten Grashalm, um das Fett zu
entfernen und damit das Vorfach im Oberflächenfilm ein-
sinken kann. Dann wate ich vom Ufer bis zu einer Biegung.
Ich stehe im Fluss oberhalb des Bahnhofs. Ich schiebe die
Rute beim Vorschwung nach vorn, wenn sich die Leine vorne gestreckt hat, ziehe ich die Rute nach hinten, für einen
Moment, nachdem ich die Rute kurz gestoppt habe, liegt
die Schnur hinter mir gestreckt in der Luft, und dann werfe
ich meinen Köder aus.

Jungen überqueren die Gleise, sehen einen Moment zu
mir hin und klettern dann auf der anderen Seite des Bahn-
damms die Böschung hinauf, um von dort über den Parkplatz zum Supermarkt zu gelangen. Einige von ihnen sind
Schüler, die gestern zum Kickerspielen in der Gaststätte
waren, ich hatte sie bedient, mit ihnen geredet. Bestimmt
wissen die Jungen auch, was mit Hermann geschehen ist,
bestimmt war es gestern Thema beim Abendessen in ihrem
Elternhaus. So etwas geht wie ein Lauffeuer durch den Ort.
‹Ach, der Hermann …, ja kein Wunder, dass es einmal so
kommen musste›, werden die Leute sagen, sie werden auch
wieder über die Holländerin reden, die man im Frühjahr am
Rauschen gefunden hatte. Vielleicht hat er ja doch was da-

mit zu tun gehabt, wenn er solch verrückte Sachen macht, werden sie vermuten.

Seit Hermann vor einem Jahr bei der Arbeit im Staubsilo verunglückt und dort beinahe umgekommen war, ist er immer absonderlicher geworden. Vielleicht ist das zu viel für ihn gewesen, er war ja immer schon etwas seltsam und verschroben, sie werden denken: ‹Von seinen Geschwistern hat sich ja keiner um ihn gekümmert.›

Ich stehe im Fluss, erinnere mich, wie Alma zum ersten Mal zu uns in die Gaststätte kam und Mutter nach Arbeit fragte. Vorher hatte sie im Supermarkt gearbeitet, der damals noch gar kein richtiger Supermarkt war, sondern nur ein großer Lebensmittelladen in der Lagerhalle der einstigen Molkerei.

«Den ganzen Tag an der Kasse sitzen gefällt mir nicht», sagte sie zu Mutter. Damals trug sie eine Brille, schielte und fantasierte von ihren französischen Vorfahren, Hugenotten, die im 17. Jahrhundert in den Osten vertrieben worden waren. Sie spielte immer Französin, tauchte ihre Brötchenhälften in den Milchkaffee, den sie ‹café au lait› nannte, und führte die Tasse mit dem abgespreizten kleinen Finger zum Mund. Sie war, als sie bei uns anfing, sechzehn Jahre alt, drei Jahre älter als Hermann und ziemlich altklug.

Ich frage mich, wieso sie so viel mit uns zusammen war, die anderen Mädchen in ihrem Alter hatten schon erwachsene Freunde. Ihre Familie wohnte noch nicht lange in unserer Gegend, sie waren aus dem Osten gekommen, Aussiedler, Flüchtlinge, mit denen man damals bei uns nichts zu tun haben wollte. Ihr Vater arbeitete als Melker auf einem Siedlungshof, später wie fast alle hier in der Gegend im

Zementwerk. Sonntags nach der Messe kam er in die Gaststätte. War er betrunken, redete er von ihrer Vertreibung aus Ostpreußen, vom eigenen Gutshof, davon, wie die Russen seine Frau in der Scheune vergewaltigt hatten. Er weinte, an der Theke sitzend, sagte, dass die Russen ihn umgebracht hätten, wenn er aus seinem Versteck gekommen wäre. Er war fleißig und sparsam, hatte bald ein Haus gebaut, in dem Almas Bruder jetzt mit seiner Familie wohnt.

Wann immer ich damals Alma in unserem Haus begegnete, sah sie mich verführerisch an. Ich half ihr beim Bettenmachen, sah ihr heimlich zu, wenn sie sich in ihrem Zimmer auszog.

«Ich weiß, was du willst, Leo, wenn du's aus der Nähe sehen willst, musst du nur zu mir kommen, dann zeig ich dir alles», hauchte sie leise mit französischem Akzent, obwohl sie gar kein Französisch konnte. Bald saß ich auf ihrem Bett, sah ihre Brüste, ihre weißen, dünnen Beine, ihre enge Muschel. Sie zog mir die Hose aus, das Hemd und die Strümpfe und legte sich zu mir. Ich kroch in sie hinein, ganz hinein, bis ich dachte, nicht mehr auf dieser Welt zu sein. Manchmal ging ich nur mit Hermann zum Fischen, um ihn dann mit einer Ausrede zu verlassen und mich heimlich mit Alma zu treffen.

Ich gehe ins tiefere Wasser, bis ich zum Bauch in der Strömung stehe und der Fisch meinen Schatten nicht mehr sehen kann. Durch die Sonneneinstrahlung glitzert das Wasser irisierend, alle Wahrnehmungen scheinen sich in diesem Licht aufzulösen. Ich habe Hermanns Polarisationsbrille aufgesetzt. Der Fisch wartet so lange, bis der Köder in seiner

Höhe ist, beäugt ihn gründlich, nimmt ihn entweder direkt, oder er steigt leicht an und schert aus. Nach einigen erfolglosen Würfen gehe ich ein Stück flussaufwärts, um mich dem Fisch von hinten zu nähern, den toten Winkel zu nutzen. Da Fische stets mit dem Kopf zur Strömung stehen, kann ich mich nah an sie heranpirschen. Nun stehe ich in der Mitte des Flusses und befische das gegenüberliegende Ufer. Um den Zielpunkt mit der Fliege zu erreichen, muss ich den Fisch zwangsläufig mit dem Vorfach überwerfen – wenn ich Pech habe, gerät die Fliegenschnur in seinen Sichtbereich und erregt seinen Argwohn. Auch andere, in der Nähe stehende Fische können vergrämt und von einem Biss abgehalten werden. Ich weiß nicht genau, wo die Forelle sich aufhält, sie springt nicht und ist so früh nicht zu sehen.

Ich denke an viele Dinge, die Vater uns beizubringen versuchte, die ich längst glaubte vergessen zu haben. Aber wir vergessen nicht wirklich. Vater erklärte uns, wir müssten das Wasser und die Strömungen im Detail kennen, dürften nie übereilt reagieren. «Ihr müsst abwarten, euch mit den Bewegungen der Fische vertraut machen, umso genauer könnt ihr den richtigen Köder zum richtigen Zeitpunkt und am richtigen Ort präsentieren.» Ich erinnere mich, wie er nur Hermann dabei ansah und mich gar nicht beachtete. Während des Tages ziehen Forellen tiefe Stellen vor, sie patrouillieren auf bestimmten Routen, sind auf Futter angewiesen, rastlos unterwegs und suchen diejenige Strömung, die Beute auf sie zutreibt. «Wenn ihr sie fangen wollt, müsst ihr eure Ungeduld zügeln, das ist wie in der Liebe», sagte Vater einmal, «ihr müsst zu gleichen Teilen geben und nehmen.»

Die Hoflandsfliege imitiert fast alle braunen Fliegenarten, Kiefern-
spinner, Fleischfliegen, Schwebwespen und Florfliegen, die sich
zum Überwintern braun färben. Sie hat einen aus dunkler, rotbrau-
ner Seide gebundenen filigranen Körper, ihre Hecheln bestehen
aus Fasanenfedern oder aus den Kragenfedern eines Hahns.

15

Der Zehnuhrzug war gestern mit Verspätung aus Trier gekommen. Reese sagte, dass die Züge immer unpünktlicher geworden seien, früher habe man nach ihnen die Uhr stellen können. Als der Zug aus dem Tunnel kam und an der Gaststätte vorbeifuhr, zitterten die dünnen Sektgläser in der Glasvitrine hinter der Theke, Reese stellte fest, dass sich der Zug genau um zehn Minuten verspätet habe. Früher hatte Mutter, wenn Alma morgens die Gaststätte putzte, immer zu ihr gesagt, sie solle die Gläser einen Fingerbreit auseinanderstellen und Papierservietten unterlegen. Alma war sehr gelehrig gewesen, hatte alles genau so gemacht, wie Mutter es wollte.

Alma ging in die Gaststätte, um zu bedienen. Wir hörten in der Küche, wie Zehner an der Theke wieder vom Rauschen sprach, davon, wie der Rauschen, als er noch ein Kind gewesen war, angelegt worden war. Mit der Absicht, den Mühlbach an den Fluss anzubinden, um den Rauschen mauern zu können, leitete man den Fluss in die Stollen der lange stillgelegten Erzbergwerke. Vater hatte in seinem Wahn zuletzt vermutet, dass der alte Fisch in einem der gefluteten Schächte, in riesigen unterirdischen Seen, die Jahrtausende überdauert habe. Der umgeleitete Flusslauf habe es dem großen Fisch dann endlich ermöglicht, aus diesem See heraus nach draußen zu gelangen. Damals war das Wasser für mehrere Tage im Labyrinth der Stollen und Schächte verschwunden gewesen. Zehner redete davon, wie sie als Kinder durch das fast leere, schlammige Flussbett gelaufen waren, dort gespielt und erstickende Fische eingesammelt hatten. Seltsame Fische waren darunter gewesen, solche, wie man sie noch nie zuvor im Fluss gesehen hatte; er erzählte auch von einem Auto, das aus einem tiefen Kolk aufgetaucht war. Sie sprangen auf dem Dach herum, versuchten, ins Wageninnere zu gelangen, in dem ein toter Soldat saß. Während die Kinder im schlammigen Flussbett spielten, arbeitete man mit Hochdruck am Bau des Rauschen, mauerte in nur vier Tagen den Damm hoch. Die Arbeiten waren gerade abgeschlossen, als der Fluss oberhalb des Ortes mit einer riesigen, das Tal überragenden Fontäne aus einem Stollen geschossen kam. Schaufeln, Hacken, Grubenlampen, Pferdeskelette, Loren, Stützbalken, Geröll- und Schlammmassen schleuderten heraus. Nachdem der Fluss wieder sein Bett gefunden hatte, schlängelte er sich wie früher durch unseren Ort.

Der Rauschen war endlich fertiggestellt, seine Staumauer verlief von nun an unterhalb unserer Gaststätte schräg zum Fluss, sodass auch damals bei lang anhaltender Trockenheit und niedrigen Wasserständen genügend Wasser in den Mühlengraben strömte, um das Wasserrad anzutreiben. Seither wollten immer wieder Angler, Streckenläufer oder Bauern, die ihre Felder am Ufer hatten, den großen Fisch Ichthys gesehen haben, meist im Winter am Wehr oder am Zufluss des Mühlengrabens. Vater und auch Hermann gingen oft dahin zum Eisfischen.

An der Mündung des Mühlbaches stehend, erinnere ich mich, wie ich vor langer Zeit frühmorgens im Winter aufwachte, als Hermann sich leise in unserem Zimmer anzog, um hierher zum Fischen zu gehen. Ich war damals elf, Hermann dreizehn Jahre alt. Er wollte mich nicht mitnehmen, er sagte, es sei zu gefährlich. Heimlich schlich ich hinter ihm her. Es war eisig kalt, über Nacht hatte es geschneit, ich brauchte nur seinen Fußspuren am Bahndamm entlang und dann zum Ufer hinunter zu folgen. Der Fluss war scheinbar zugefroren und gluckste leise unter dem Eis, die Zweige beugten sich vom Schnee und berührten mit ihren Spitzen die zugefrorene Wasserfläche. Oberhalb des Wehrs führten Hermanns Spuren vom Ufer auf den Fluss hinaus. Da es neblig war und es wieder zu schneien begonnen hatte, konnte ich Hermann nirgendwo sehen. Erst als ich auf dem knarrenden Eis stand, entdeckte ich ihn in der Mitte des Flusses, auf einem Hocker und in eine Decke gehüllt neben dem Eisloch sitzend. Ich sah, wie mein Bruder einen Fisch herauszog – ich hatte noch nie einen so großen Fisch gesehen. Er war größer als alles, was man je bei uns gefangen hatte, die Schuppen des Fisches waren voller Warzen und mit Moos bewachsen, er schien mir so groß wie Hermann. Mein Bruder zog den Fisch langsam heraus, betrachtete ihn eingehend, entfernte dann vorsichtig den Haken aus seinem Maul. Ich hatte den Eindruck, der Fisch würde sein Maul öffnen, um zu Hermann zu sprechen, dann setzte er ihn langsam ins Wasser zurück, hockte sich wieder auf seinen Campingstuhl neben das Eisloch und angelte weiter. Ich begriff nicht, warum Hermann den Fisch zurück in den Fluss gesetzt hatte.

Als Hermann mich auf dem Eis erblickte, rief er mir zu, ich solle vorsichtig sein, doch ich achtete trotz seiner Warnungen nicht auf das Knacken, auf Risse, die sich unter dem Schnee durch das Eis zogen, nicht auf untrügliche Zeichen dafür, dass das Eis über der Strömung noch nicht so dick war wie über ruhig fließendem Gewässer, wo Hermann fischte. Plötzlich, noch bevor ich richtig begriff, was Hermann mir zurief, brach ich krachend ein, versuchte vergeblich, mich am Rand festzuhalten, rutschte ab und tauchte unter, die starke Strömung drückte mich sofort unter die Eisdecke. Zuerst war mir kalt, als würde ich lebendig eingefroren, ich schwebte in schillernden warmen Farben durch die blitzenden Pfeilscharen, die sich im Eis brachen. Mein Bruder rannte über mich hinweg zu den Stromschnellen. Er nahm an, ich würde dort wieder zum Vorschein kommen. Ich wollte nicht gerettet werden, war glücklich – nie mehr so glücklich wie in diesem Moment –, ich weiß nicht mehr, ob ich noch bei Besinnung war oder vielleicht schon an der Schwelle zum Tod. Ich blieb in der Mitte des Flusses an den Zweigen eines Baumes hängen, seltsame Fische schwammen um mich herum, weiter entfernt lauerte der alte Fisch und glotzte neugierig zu mir herüber. Ja, ich habe ihn gesehen – vielleicht war es aber auch nur eine Halluzination, welche Rolle spielt das schon? Ich glaube mittlerweile tatsächlich, dass das, was ich damals gesehen hatte, wirklich da war. Denn ich bin scheinbar genauso verrückt wie Vater und Hermann, sonst stünde ich doch auch nicht hier im Fluss.

Hermann hatte sofort begriffen, dass ich irgendwo im Wasser hängen musste, er hatte sich an den abgestorbenen Baum in der Mitte des Flusses erinnert, kannte damals schon jede Flussströmung; er rannte zur Stelle, an der ich eingebrochen war, zog seine Kleider aus, sprang ins Wasser und tauchte bis zu mir hin. Ich sah nur das gleißend helle Licht durch das Eis glitzern, schwebte diesem Licht entgegen.

Als ich wieder zu mir kam, hatte ich Hermanns Klamotten an, mein Bruder stand nackt mitten auf dem Gleis und wollte einen Zug anhalten. Der Zug ratterte heran. Ich dachte, der würde ihn überfahren, denn er hielt erst in letzter Sekunde mit quietschenden Bremsen. Der Zugführer stürmte wütend heraus, schrie und tobte vor Hermann herum, die Fahrgäste glotzten uns beide wie Außerirdische an.

16

Ich gehe langsam vom Mündungsgebiet des Mühlbaches ein Stück am Ufer stromabwärts, blicke aufs Wasser, um vielleicht an der Oberfläche stehende Fische oder Spritzer von steigenden Fischen auszumachen. In Gedanken bin ich immer noch beim gestrigen Tag, sehe Zehner an der Theke sitzen, Alma, wie sie ihm Schnaps einschüttet. Die Schwestern saßen wieder mit Reese am Küchentisch, gingen wegen Zehner nicht in die Gaststätte, sie befürchteten, er würde ihnen etwas Anzügliches zurufen. Auch Alma war in die Küche zurückgekommen, sagte, dass es bei Zehner keinen Unterschied mehr mache, ob er betrunken oder nüchtern sei, er kenne weder Zukunft noch Gegenwart noch Vergangenheit, seine Gedanken zerfielen immer mehr in zusammenhanglose Bruchstücke. Abends, nachdem er die Gaststätte verlassen habe, laufe er von Unruhe getrieben umher, sein Hund führe ihn immer wieder zur Gaststätte, ohne den Hund würde er sich nicht mehr zurechtfinden. In letzter Zeit gehe er auch häufig in die Campingschenke, die hätten jetzt auch ihren Ärger mit ihm. Gestern hatte die Campingschenke ihren Ruhetag. So habe Zehner schon frühmorgens gegen die Tür getrommelt, bis sie ihm aufgeschlossen habe, dauernd klaue er Kickerbälle und verstecke sie irgendwo, spreche mit längst Verstorbenen, als säßen sie neben ihm an der Theke, und immer wieder rede er vom Krieg. Auch gestern hatte er von Soldaten erzählt, von Pferden und Kriegsmaterial, von Lokomotiven, die durch den Ort gefahren waren, von Juden und der Synagoge, die sie angezündet hatten, von Soldaten, die ihre Lieder gesungen hatten, und von unserem Tanzsaal, der zum Kriegsende hin als Lazarett gedient hatte, schließlich sprach er davon, wie sie früher auf den Wiesen vor dem Dorf Kühe gehütet hatten.

Während Zehner noch redete, ging ich ans Fenster und sah zu den Arbeitern auf der Brücke hinüber. Einer von ihnen war ein Stück am Ufer entlang bis zu einem Boot gegangen, mit dem wir früher Aale geangelt hatten. Ich war oft mit Hermann und Alma mit diesem Boot zum Aalfischen rausgefahren. Wir ruderten unter der Brücke hindurch flussabwärts, warfen mit Blut getränkte Wollknäuel ins Wasser, hockten im Boot, rauchten und warteten die ganze Nacht. Ich glaube mich an jedes Wort unserer Gespräche von damals zu erinnern, an unser sinnloses, prahlerisches Gerede, über Frauen, die Liebe und was wir später einmal machen würden. Auf dem Wasser trieben die leuchtenden Positionslichter unserer Köder, an denen die Wollknäuel hingen und auf dem Grund Aale anlockten, die sich festbissen und sich mit ihren Hakenzähnen nicht mehr befreien konnten. Manchmal hingen fünf oder sechs Aale an einem Knäuel.

Wir zogen sie ins Boot und töteten sie, indem wir ihnen das Rückgrat brachen und mit einem scharfen Messer die Köpfe abschnitten. Im Morgengrauen standen wir zwischen glitschigen, sich schlängelnden Aalleibern, ruderten zum Ufer. Während die Sonne aufging, der Nebel sich langsam auflöste, räucherten wir die Aale, tranken Bier und frühstückten am Lagerfeuer. Alma erzählte davon, dass sie eines Tages nach Paris gehen werde, um dort in einem feinen Hotel zu arbeiten; wir wollten beide mit ihr gehen.

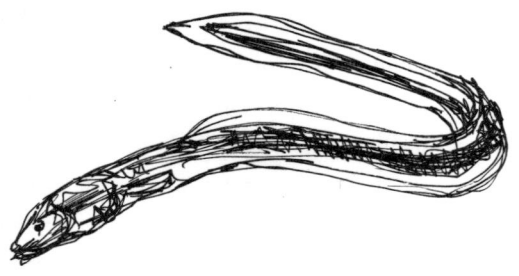

Der Aal (*Anguilla anguilla*) ist ein auf dem Grund lebender Wanderfisch. Wenn er ein Jahr alt ist, wird sein Maul spitzer, und die Augen werden größer, die Haut beginnt silbern zu schimmern, und sein Rücken wird schwarz. Nun kommt die Zeit, da er ins Meer schwimmen wird, um sich in den Tiefen des Pazifiks zu paaren. Dort unten legt er seine Eier ab und stirbt zufrieden. Die sich aus den Eiern entwickelnden Larven steigen langsam auf, driften mit dem Golfstrom zu den Küsten Europas zurück. Dort, wo die Heimatflüsse ihrer Eltern einmünden, werden sie von bekannten verführerischen Gerüchen angelockt. Sie schwimmen die Flüsse hinauf, nichts kann sie aufhalten, weder Wasserfälle noch Schleusentore oder Wehre, bis sie die Lieblingsplätze ihrer Eltern erreicht haben.

17

In der Strömung stehend hole ich Hermanns Plastikbox mit
den Köderfliegen aus der Angeltasche, suche nach dem richtigen Köder. Hermann hat sie alle selbst gebunden. Gras-
hüpferimitationen mit glänzenden Beinchen und Kopfbin-
dungen für die Hechel, Waldameisen mit einem schwarzen
Leib und roten Flügeln, eine schwere Goldkopfnymphe mit
grünem Leib, mit viel Blei im Unterbau und einem Kopf-
kranz aus saugfähigem Fell, zum Fischen auf Große am
Grund. Viele der Köder kenne ich nicht mehr, oder Hermann hat sie in den letzten Jahren erfunden. Ich werde es
mit einer schönen Köcherfliege versuchen, die kenne ich
noch gut. Die Larve der Köcherfliege baut ihr Gehäuse aus
Sand- und Holzpartikeln auf dem Flussgrund. Ich habe
Hermann oft dabei zugesehen, wie er diesen Köder gemacht
hat. Man zieht zuerst vorsichtig die Larve der Köcherfliege
aus ihrem Gehäuse, dann umwickelt man den Schenkel
eines Einfachhakens mit einer Wollfadenwicklung, kratzt
mit einer Nadel eine schmale Rinne in das Gehäuse, be-
streicht den Wollfaden mit Kleber, schiebt das Gehäuse auf
den Hakenschenkel, bindet hinter dem Hakenöhr einen
Hechelkranz, stellt zu guter Letzt die Hechel hoch und
zwirbelt sie.

Hermann hat seine Köder sogar in der Schule unter der
Bank angefertigt, es interessierte ihn damals nicht, was die
Lehrer ihm beibringen wollten. Er war der Meinung, dass
man ihm nichts mehr beibringen könne, jedenfalls nichts,
was er wissen müsse. Schon nach einigen Jahren verließ er
wegen ungenügender Leistungen das Gymnasium und besuchte wieder die Hauptschule. Nachmittags musste er in

der Wirtschaft aushelfen oder Sommerfrischler zu den Eishöhlen führen, in denen früher Mühlsteine geschlagen wurden. Er zeigte ihnen alte riesige Schwarzkiefern, die römischen Sandsteinbrüche, Villen und Brunnenstuben, erzählte ihnen von Kelten und Römern, die früher hier gesiedelt hatten, alles Geschichten, die er in Büchern gelesen oder von Vater und Zehner aufgeschnappt hatte. In der Hauptschule machten sich die Lehrer über den einstigen Musterschüler lustig. Hermann fing an zu stottern und machte in seinen Aufsätzen viele Rechtschreibfehler.

Nachdem Hermann die Hauptschule abgeschlossen hatte, bestand Vater darauf, dass er eine Lehre machte. Da es bei uns in der Gegend kaum Ausbildungsmöglichkeiten gab, wurde Hermann in ein Lehrlingsheim in der Stadt geschickt. Er wollte nicht von zu Hause weg, und ins Lehrlingsheim ging er nur, weil er Vater nicht wieder enttäuschen wollte. Die Lehrwerkstatt und das Wohnheim befanden sich weit außerhalb einer Stadt in einem Industriegebiet. Hermann blieb die Woche über dort. Er konstruierte und baute für Vater in der Lehrwerkstatt einen Bindestock, in den Vater die Haken für seine Köder einspannte. Vater präsentierte den Bindestock stolz vor Anglern in der Gaststätte.

Wenn Hermanns Kollegen abends in die Diskothek gingen, saß er allein in seinem Zimmer. Im Sommer hockte er nach Feierabend auf einer Bank bei einem Tennisplatz und kam erst spätabends ins Wohnheim zurück. Einmal nahmen ihn seine Kollegen, aus der Diskothek kommend, im Auto mit, äfften seinen Dialekt und seinen Sprachfehler nach und boten ihm Bier an. Bis dahin hatte Hermann keinen Tropfen Alkohol angerührt. Als er nicht trinken wollte, warfen sie ihn irgendwo vor der Stadt aus dem Auto.

Manchmal schreckte er nachts schreiend aus dem Schlaf, lag schweißnass im Bett. Die älteren Lehrlinge kehrten spät in der Nacht von ihren Sauftouren zurück, gingen lachend über die Flure, schlugen mit den Fäusten gegen seine Tür. Im zweiten Lehrjahr schwänzte Hermann immer häufiger den Unterricht, führte seine Berichtshefte nachlässig, rief kaum noch zu Hause an. Wenn er sich einmal meldete, versicherte er, dass alles okay sei und er nur viel lernen müsse, aber in Wirklichkeit lernte er gar nicht mehr. Er trieb sich in der Stadt herum, übernachtete in Parks oder Hauseingängen, wie er mir später auf seinen Kassetten berichtete. Als er dann wochenlang nicht nach Hause kam und auch nicht mehr anrief, erkundigte Vater sich im Lehrlingsheim und erfuhr, dass Hermann gar nicht mehr dort sei – man hatte angenommen, er sei zu uns nach Hause gefahren; einige Wochen blieb er spurlos verschwunden.

Eines Mittags, als ich aus der Schule kam, saß er in der Küche, einen leeren Teller vor sich und noch Essensreste an der Wange. Sein Gesicht war voller Eiterpickel, die nicht mehr weggingen, sich auf Wangen, Stirn und Hals entzündet hatten und kleine Narben hinterließen. Er hatte draußen übernachtet, zuletzt war er in Hamburg gewesen, hatte erfolglos versucht, auf einem Schiff anzuheuern. Vater schlug vor, er könne auch in der Gastwirtschaft mithelfen – da gerade Hauptsaison war, gab es genügend zu tun.

Hermann war damals achtzehn Jahre alt. Er stand jetzt abends hinter der Theke und bediente die Gäste, holte morgens die Frühstücksbrötchen bei Simons in der Bäckerei, richtete tagsüber, wenn keine Gäste im Haus waren, schleifende Türen, leimte wacklige Stühle, zimmerte Flaschenregale, sorgte für die Getränkebestellungen, schreinerte einen Wäscheschrank und reparierte die Tischspringbrunnen, die in den Gästezimmern standen und seit Jahren nicht mehr funktioniert hatten. Unter der Saalbühne richtete er sich eine kleine Werkstatt ein, in der er auch an einem Motorroller bastelte, auf dem er an seinen freien Tagen mit Alma durch die Eifel fuhr. Alma saß auf dem Sozius, legte ihre Arme um ihn und ihren Kopf an seinen Rücken.

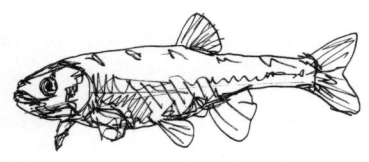

Die Elritze *(Phoxinus phoxinus)* ist ein kleiner Fisch, der zum Köder für die großen Fische taugt. Sie hat einen dünnen, daumenlangen, drehrunden Körper, mit grau- bis braungrüner Färbung und Querbinden, die golden schimmern. Sie schwimmt in flinken, aufgeregt schwebenden Schwärmen dicht unter der Wasseroberfläche unruhig und erwartungsvoll, formt seltsame schöne Gestalten, die nur den einen Grund haben, ihre Feinde zu irritieren.

18

Etwa zwanzig Meter weiter abwärts macht der Fluss einen Bogen. Dort stehen am gegenüberliegenden Ufer große Forellen, die von der Wiese ins Wasser gefallene Heuschrecken und nicht selten auch Mäuse schnappen. Hermann saß oft an dieser Stelle, weil man die Fische vom Uferhang im klaren halbtiefen Wasser sehen konnte, ihre Form und die Größe ihrer Ringe beim Steigen. Alte, erfahrene Fische steigen vorsichtig, verursachen nur kleine Ringe, nehmen die Beute und touchieren beim Abtauchen mit dem Rücken die Oberfläche, oder sie drehen sich kurz auf die Seite, peitschen mit dem Schwanz ein-, zweimal und verschwinden wieder in der Tiefe.

Je älter ein Fisch wird, desto perfekter vermag er sich seiner Umgebung anzupassen, er wird immer vorsichtiger. Man muss sehr viel Geduld haben, um einen solchen Fisch zu fangen. Meine Freunde und ich hatten diese Geduld nicht, wir zogen es vor, mit Karbid zu fischen, eine grausame, aber effektive Methode, bei der man etwas Sprengstoff in eine Flasche gibt, einige Tropfen Wasser einfüllt, dann die Flasche verschließt und sie schnell in den Fluss wirft, sodass sie oberhalb der Stelle landet, wo die Fische stehen. Die Flasche taucht ein und treibt langsam den Fluss hinunter, während das entstehende Karbidgas sich im Flascheninneren ausdehnt, bis die Flasche, wenn man alles richtig gemacht hat, genau über den Fischen explodiert. Die Druckwelle zerreißt ihnen die Schwimmblase. Wir hatten einmal auf diese Art einen ganzen Schwarm gefangen, die toten Fische trieben auf der Wasseroberfläche, und wir mussten sie nur noch einsammeln. Als Hermann uns dabei erwischte, sagte er, dass wir das unterlassen sollten, und versuchte, mir den Sprengstoff abzunehmen. Ich wollte mir das nicht gefallen lassen, auch weil Alma bei ihm war. Ich wollte ihr imponieren, ihr zeigen, wer der Stärkere von uns war. Wütend stürzte ich mich auf meinen Bruder, schlug mit beiden Fäusten auf ihn ein. Ich glaubte ernsthaft, dass Alma mich mehr schätzen würde, wenn ich ihr zeigte, dass ich stärker als Hermann war. In dieser Zeit stromerte ich viel herum, legte mich mit jedem an, prügelte mich schon wegen Kleinigkeiten, während Hermann sich immer mehr zurückzog. Seit er seine Lehre abgebrochen hatte, nahm ihn niemand mehr ernst, außer Vater und Alma. Als Hermanns Nase blutete, sah er mich völlig perplex an, so als könnte er das nicht glauben, als würde er mich nicht wiedererkennen – doch ich war völlig außer mir. Hermann wehrte sich nicht, was mich nur wütender machte. Meine Kameraden johlten, feuerten mich an, für sie war es ein Spaß zu sehen, wie ich mit meinem älteren Bruder umsprang, wahrscheinlich hätten sie das auch gerne mal mit ihren Brüdern gemacht, von denen sie immer nur herumgestoßen und verdroschen wurden. Ich glaube, sie rechneten damit, dass Hermann sich jeden Moment wehren, ich endlich Prügel beziehen würde. Als Alma uns trennte, fiel ihre Brille zu Boden. Hermann versuchte sie aufzuheben, ich traf wieder seine Nase, sie brach, schwoll an und blutete. Hermann wehrte sich nun, ich bekam einen Schlag ins Gesicht, aber ich spürte keinen Schmerz. Wenn ich mich prügelte, rannte ich wie durch einen Tunnel und kannte nur ein Ziel. Wir wälzten uns am Ufer, um uns herum Fische mit geplatzten Schwimmblasen. Alma versuchte, uns zu trennen, mich von Hermann herunterzuziehen. Ich kniete auf ihm und hielt ihm einen Flaschenhals an die Kehle, ich weiß nicht, was ich getan hätte, wenn Alma nicht dazwischengegangen wäre. Sie stieß mich weg und bettete Hermanns Kopf auf ihren Schoß. Sie weinte und sagte mir, dass ich verschwinden und ihr nie mehr unter die Augen treten solle.

Danach gingen Hermann und ich uns lange aus dem Weg. Nur wenn das Haus voller Gäste war, teilten wir uns noch ein Zimmer, dann verschwand ich meist nachts und trieb mich mit Freunden herum. So vergingen einige Jahre. Als ich das Abitur machte, arbeitete Hermann zu Hause, erledigte alles, was es zu erledigen gab, und zog sich immer mehr in seine eigene Welt zurück, ich hatte kaum noch Kontakt zu ihm, er kam mir wie ein Fremder in unserem Haus vor.

Unsere Gaststätte lief schlecht, es kamen kaum noch Gäste, ein verregneter Sommer folgte dem nächsten, die ehemaligen Stammgäste reisten lieber nach Italien, Spanien oder Griechenland. Wir boten nicht genug Komfort, die Toiletten und Duschen waren noch auf dem Flur, viele Sommerfrischler störte der Rauschen, er raubte empfindlichen Menschen den Schlaf, man hörte ihn ja auch noch deutlich bei geschlossenem Fenster. Wir dagegen bemerkten ihn nur noch, wenn wir uns darauf konzentrierten. Außerhalb der Saison kamen nur noch durchreisende Vertreter, an Sonntagen nach dem Hochamt eine Handvoll Leute zum Frühschoppen oder nach den Fußballspielen die Mannschaften, zur Kirmes, zum Schützen- und Musikfest – alles nicht genug, um übers Jahr ein Auskommen zu haben. Oft konnten wir nicht mal die Getränkelieferanten bezahlen.

Schließlich hatten wir nur noch eine Biersorte, aber gerade diese wollten die Gäste nicht. Im Supermarkt kaufte Alma billigen Schnaps und füllte ihn in teure Markenflaschen um.

1970 begann ich mein Studium, ich verbrachte meinen ersten Winter außerhalb der Eifel in einer Studentenbude in Düsseldorf. Ich war froh, endlich von zu Hause weg zu sein, und genoss das Leben und die Freiheiten der Stadt. Hermann arbeitete nun ebenso wie Vater als Hilfsarbeiter im Zementwerk. Sie warteten auf den Frühling, dass die Saison beginne und endlich wieder mehr Angler und Sommerfrischler kämen, aber auch in der folgenden Saison hatten wir nur wenige Gäste. Hermann und Vater wären am liebsten das ganze Jahr über jeden Tag zum Angeln gegangen. Die Treppe zum Pissoir musste damals umgebaut werden, weil Kleenbeen, ein dauernd betrunkener Stammgast, hinuntergestürzt war und sich einen Arm gebrochen hatte. Mutter konnte Alma kein Gehalt mehr zahlen. In diesem Frühjahr waren Vater und Hermann, wenn ihnen neben der Arbeit im Zementwerk etwas Zeit blieb, noch zusammen fischen gegangen.

Vater hatte Hermann mittlerweile alles beigebracht, was er über Fische wusste, er redete oft mit ihm über die Chronik, an der er schrieb, die vom Fischen und dem Glück handele, alles sollte in dieser Chronik stehen, was es über den Ort und den Fluss zu berichten gab. Vater klagte oft darüber, dass er arbeiten müsse, seine wertvolle Zeit damit vergeude, schnödes Geld zu verdienen, Geld, das er für sich persönlich gar nicht brauche. Vater brauchte nur den Fluss, die Fische und seine Bücher.

Das Neunauge *(Lampetra planeri)* ist gar kein richtiger Fisch, sondern ein sehr altes, schlangenähnliches, kleines Wirbeltier, fast so alt wie der große Fisch. Es lebt als Parasit in schnell strömenden Gewässern, in einem Untergrund aus Steinen und Kies. Das Neunauge wartet nur darauf, dass der große Fisch vorbeischwimmt, damit es sich mit seinem mit spitzen Schabzähnchen versehenen Saugmaul an die Flanke des großen Fisches heften und die Millionen Jahre alten, fast versteinerten Schuppen abraspeln kann. Während seiner jahrelangen Wanderung durch Flüsse und Meere ernährt sich das Neunauge von Muskelfleisch und Körperflüssigkeit des großen Fisches, bis es glaubt, ein Teil von ihm zu sein, dann abfällt und sich ekstatisch von Hunderten anderen Neunaugen begatten lässt, in einer Kiesmulde ablaicht und stirbt.

19

Mit der Angel im Fluss stehend, entsinne ich mich, wie
Alma gestern wieder von der Küche in den Gastraum eilte,
sie räumte dort die Tische ab, säuberte die Ascher, spülte
Gläser. Der Elfuhrzug kam vorbei. Reese bemerkte, dass er
diesmal pünktlich sei. Wir hörten, wie jemand das Treppenhaus hinunterlief, wie die Tür des Nebenausganges ins
Schloss fiel. «Vielleicht war es Hermann», sagte Claudia.
Die Schwestern standen auf und gingen nach draußen. Doch
von Hermann war keine Spur zu sehen, nach wie vor war
seine Tür verschlossen. Dennoch meinten die Schwestern,
Hermann habe das Haus verlassen, mutmaßten, dass er angeln sei. Sie ließen sich darüber aus, wie sinnlos diese Beschäftigung eigentlich sei, früher einmal habe das Sinn
gehabt, aber jetzt sei es nur noch Tierquälerei und Zeitver-
geudung. Sie sahen dabei mich an, als wollten sie eine Be-
stätigung dafür. Vielleicht erinnerten sie sich, wie wenig
mich das Fischen damals interessiert hatte. Doch jetzt ist
das anders, jetzt will ich unbedingt einen großen Fisch erwischen.

Ich habe mich entschieden, mit einer Nassfliege mein Glück
zu versuchen. Vater und Hermann bevorzugten das Fischen
mit diesem Köder, der ein ertrunkenes oder im Wasser le-
bendes Insekt imitiert. Ich weiß noch, dass man Strömungen,
Wirbel und Kehren gezielt ausnutzen muss, um den Köder
in den Zugriffsbereich der Fische zu bringen. Ich knüpfe
den Köder einer Motte ans Vorfach, klemme danach ein ge-
spaltenes Schrotkorn auf, um mit dem Köder Tiefe zu ge-
winnen. Der Körper der Motte ist aus weißer Seide mit sil-

berner Körperrippung. Hermann hat hinter dem Hakenöhr die weiche Hennenhechel um den Hakenschenkel gewunden und zarte eng anliegende Daunenfederflügel angebracht. Ich werfe den Köder schräg stromabwärts, lasse ihn so weit wie möglich ungehindert abtreiben. Die Strömung führt ihn zum gegenüberliegenden Ufer, bis Schnur und Vorfach voll gestreckt sind. Dann zupfe ich ihn langsam heran, Dezimeter um Dezimeter, zwischendurch lasse ich ihn wieder einige Meter abtreiben, um seinem Bewegungsspiel Abwechslung zu geben. Die über den Zeigefinger der Wurfhand geführte Schnur bündele ich in der linken Hand. Während ich die Fliege heranziehe, deute ich mit der Rutenspitze kleine zitternde Bewegungen an, die über die Schnur auf den Köder übertragen werden. Gespannt beobachte ich den Gewässerabschnitt, wo sich der Köder unter Wasser befindet, bis ich eine blitzende Fischflanke auftauchen sehe, warte, bis die Schnurspitze stoppt oder zur Seite gezogen wird. Es geschieht aber nichts, ich muss Geduld haben, Geduld, viel Geduld haben.

Während ich warte, denke ich an Alma, die gestern in der Küche äußerte, dass ohne die Holländerin noch alles hätte gut werden können. Sie könne noch gar nicht begreifen, dass Hermann weg sei, sie sprach von der Gaststätte und davon, dass sie nicht wisse, was sie nun machen solle, die Schwestern würden die Wirtschaft bestimmt verkaufen, sie könne jetzt doch nichts Neues mehr anfangen, sie müsse sich irgendeine andere Arbeit suchen, irgendeine Arbeit.

«Ich hätte nie zurückkommen dürfen», sagte sie weinend. «Ich hätte damals nach Paris gehen sollen.» Alma hatte bei uns gekündigt, nachdem Mutter ihr ein halbes Jahr kein

Gehalt gezahlt hatte, sie kam nicht mehr so gut wie früher mit Mutter zurecht. Nach ihrer Kündigung arbeitete sie in einem Hotel in Trier. Hermann war, als ich Alma dort traf, bereits auf See, er war einfach abgehauen. Ich wusste nicht viel von dem, was zu Hause geschehen war, wollte es auch nicht wissen, war froh, von dort weg zu sein.

Mein Studium hatte ich abgeschlossen und soeben meine erste Anstellung angetreten. Als ich Alma begegnete, gingen wir auf ihr Zimmer und schliefen miteinander. Es war ein sehr heißer Sommertag, besonders in Trier, wo sich die Hitze über dem Flusstal seit Tagen staute. Wir lagen nackt in ihrem Bett. Alma erzählte mir, dass sie auch wegen Hermann von zu Hause weggegangen sei, nicht nur, weil Mutter ihr Gehalt nicht mehr bezahlen konnte und ihre Nörgeleien unerträglich geworden waren. Sie sagte, Hermann habe nichts mehr von ihr wissen wollen, sie wie den letzten Dreck behandelt und sich nur noch mit Salm und Knuppeglas herumgetrieben, auch mit Vater habe er sich entzweit. Hermann sei ganz anders geworden, er bändele mit Frauen in der Campingschenke an, Frauen, die nur dorthin kamen, um sich für einen Abend zu amüsieren, und Männer für die Urlaubstage suchten, junge Männer, die mit ihnen tanzten, vielleicht auch mehr, wenn es sich ergab. Aber Hermann sei für die auch nur ein exotischer, spinnerter Kerl, jemand, der sich volllaufen lasse, auf seiner Klarinette spiele, beim Tanzen herumhüpfe und verrückte Dinge erzähle. Nachts torkele er über den Campingplatz zum Fluss.

«Er hat mich beschimpft, mir Vorwürfe gemacht – auch deinetwegen.» Sie erzählte, Hermann habe in dieser Zeit alles mitgemacht, was Salm und Knuppeglas anstellten. Die drei stiegen in Wochenendhäuser ein, klauten Eisen-, Blei- und Zinkschrott von Baustellen, brachen Autos auf. Es war einträglicher, als im Zementwerk zu arbeiten oder in der Stadt zu jobben. Knuppeglas, der damals noch mit Schrott handelte, verkaufte das Diebesgut in Belgien. In einer Autowerkstatt im Industriegebiet stahlen sie alles, was sich irgendwie zu Geld machen ließ. «Der Heizungskeller und der Raum unter der Bühne waren voll von geklautem Zeug», sagte Alma.

Eines Nachts erschien Sartorius mit einigen Kollegen in der Gaststätte, sie suchten Hermann, der hielt sich in Vaters Büro versteckt. An der Theke stehend, beteuerte Sartorius, dass Zeugen Hermann gesehen hätten, er vermutlich zu einer gefährlichen Diebesbande gehöre, der man jetzt endlich auf die Schliche gekommen sei. Vater ließ sie aber nicht im Haus herumschnüffeln. Hermann kauerte zitternd in Vaters Büro, hatte Angst, ins Gefängnis zu kommen. Vater steckte Hermann Geld zu, half ihm beim Packen, brachte ihn in derselben Nacht noch mit dem Auto nach Köln, von wo aus er mit dem Zug nach Hamburg fuhr.

Während Alma erzählte, war es Abend geworden, die untergehende Sonne schien durch das Dachfenster der Mansarde, es war so wie damals zu Hause, nur dass wir das Rauschen nicht hörten. Wir fragten uns, was Hermann gerade mache, wo er sich aufhalte. Auf dem Platz vor dem Hotel wimmelte es von Pilgern und Touristen. Man hörte das Bimmeln der kleinen Bahn, die durch die Innenstadt zu den Kirchen fuhr. Der Heilige Rock Jesu war damals, nach acht Jahren, wieder in der Basilika zu sehen. Als Alma aufstand, sang sie auf Französisch, sie hatte tatsächlich in der Zwi-

schenzeit Französisch gelernt. «...*Je suis une poupée de cire ...
poupée de son. Mon cœur est grave dans mes chansons...*» Sie
hatte sich in einem Hotel in Paris beworben, sie wollte endlich weg aus Deutschland.

20

Ich war gestern am späten Vormittag wieder zu Hermann gegangen, hatte gefragt, was mit ihm los sei, was das alles solle, im Zimmer zu hocken und zu schweigen. Ich war wütend auf meinen Bruder, weil er so tat, als existierten wir für ihn gar nicht mehr. Ich glaubte zu hören, wie er umherging und sich schließlich irgendwo hinsetzte. Auch früher war Hermann manchmal schweigsam gewesen, bei anderen Gelegenheiten aber hatte es nur so aus ihm herausgesprudelt, ich hatte ihm ganze Nächte zugehört, in denen er erzählte und erzählte – so viele Dinge, die ich damals nicht verstand, die es in Wirklichkeit auch nicht gab und die er sich wohl nur ausgedacht hatte.

Ich stand vor Hermanns Tür, versicherte, was auch immer passiert sei, es sei nicht so schlimm, er müsse nur rauskommen, wir würden reden und wie früher an den Fluss gehen. Ich erzählte ihm von meiner Arbeit, denn er hatte sich immer dafür interessiert. Während seiner Zeit auf See hatte er Mutter regelmäßig Geld für mein Studium geschickt, eigentlich war er der Klügere von uns beiden. Ich setzte mich vor der Tür auf den Boden, sagte, dass ich wohl besser hiergeblieben wäre und er an meiner Stelle studiert hätte, erzählte ihm lauter Dinge, die ich glaubte, lange vergessen zu haben. Wieder bat ich ihn, etwas zu sagen, doch endlich die Tür zu öffnen: «Wenn Sartorius heute Abend kommt, wird er die Tür aufbrechen, und die werden dich mitnehmen ... Hermann, du bist doch nicht verrückt, Hermann, sag endlich was.»

Der Elfuhrzug nach Trier ratterte vorbei, die Sonne schimmerte nun durch die Glasbausteine des Flures. Auf dem Boden standen künstliche Sonnenblumen in einer der von Mutter bemalten Milchkannen. Überall in die Tapete waren Köderfliegen eingehakt. Hermann fertigte sie zuletzt wie ein Wahnsinniger an, immer neue Köder, neue Varianten mit absonderlichen Namen. Vielleicht ist er ja doch verrückt geworden, und es ist besser für ihn, wenn er abgeholt wird und einige Zeit unter Aufsicht ist, versuchte ich mir einzureden.

Als ich nach unten kam, saß Reese mit den Schwestern zusammen am Küchentisch. Sie schnitt Petersilie und Lauch, zupfte die Blättchen der Zitronenmelisse ab, schälte danach Kartoffeln. Die Schalen drehten sich wie Locken über ihren zitternden Handrücken. Die jüngere Schwester machte sich Notizen in ihrem Kalender und telefonierte wieder mit einer Kollegin.

Gegen zwölf Uhr mittags kamen die ersten Angler, sie waren sehr früh aufgestanden und ohne Frühstück zum Fluss gegangen, nun kehrten sie hungrig mit einem stattlichen Fang zurück, der von Alma zubereitet wurde. Sie saßen währenddessen am Tisch, tranken und redeten über Köder, mit denen sie Erfolg gehabt hatten, von Angeltouren an den Küsten, wo sich die Forelle dem Salzwasser angepasst hatte und silbern schimmerte wie blinkender Stahl. Einer von ihnen sagte, er werde es am Nachmittag mit Zuckmücken versuchen, andere wollten künstliche Fliegen, Blinker oder Wobbler nehmen. Sie erkundigten sich auch nach Hermann, fragten mich, ob ich der Bruder sei.

Sartorius hatte in der Zwischenzeit angerufen, um uns zu sagen, dass er später vorbeikommen werde. Die Schwestern wollten längst wieder zu Hause sein, doch jetzt mussten sie noch bleiben, wenigstens bis man Hermann abgeholt hatte. Sie schimpften darüber, wiederholten, dass sie ihre Zeit nicht gestohlen hätten.

Alma nahm Äschen aus dem Korb, legte sie auf die Anrichte, ging zum Küchenschrank, um ein scharfes Küchenmesser zu holen. Die Äschen waren in die großen Blätter der am Ufer wachsenden Pestwurz eingewickelt und hatten Grashalme zwischen ihren kleinen scharfen Zähnchen. Sie legte einen Fisch in ihre Hand, entfernte mit dem Schälmesser Schüppchen, schnitt den Bauch auf, holte Organe heraus und kratzte mit dem Daumen Blutrückstände aus der Niere vor der kleinen Wirbelsäule heraus, ließ dann Wasser aus dem Kran in den Bauch laufen – sie machte es genauso, wie Mutter es früher immer getan hatte, und schimpfte genauso wie Mutter darüber, dass die Angler die Fische nicht selbst am Fluss ausnehmen würden. Das Handy der jüngeren Schwester klingelte. Sie ging in den Flur, und wir hörten, wie sie mit ihrer Angestellten telefonierte, ihr sagte, was im Büro unbedingt zu erledigen sei, dass sie, so schnell es gehe, wieder ins Büro komme – erst am Abend könne sie hier weg.

Zehner rief, dass er bedient werden wolle. Ich ging hinter die Theke, zapfte ihm ein Bier, stellte das Glas auf seinen Deckel und machte einen Strich. Dabei packte er meine Hand, blickte mich verkniffen an, lachte schelmisch: «Wer nichts wird, wird Wirt … hähähä.» Während er trank, hüpfte sein spitzer Kehlkopf unter der faltigen Lederhaut. Er wischte sich den Bierschaum mit dem Handrücken vom Mund, schnaufte, verschob sein Gebiss, redete von der Brücke, kurzhalmigem Korn, einem Kartenspiel. Sein Hund war aufgewacht, streckte die Pfoten aus, reckte sich gähnend und trottete zur Tür. Dort blieb er mit der Schnauze an der Tür stehen und wimmerte. Ich ließ Zehner reden, ging durch die Gaststätte ans Fenster, mich interessierte, was die Arbeiter auf der Brücke machten. Sie überprüften gerade das Geländer. Einer lief zum Brückenkopf, schlug mit einem Fäustel gegen eine Geländerstrebe, und die Schläge pendelten immer leiser werdend zwischen den Berghängen, bis sie verhallten.

21

Schließlich waren die Schwestern gestern noch vor dem Mittagessen zu Mutter ins Stift gegangen. Sie wussten nicht, was sie sonst im Haus tun sollten. Sie vermuteten immer noch, dass Hermann draußen herumlaufe, und vielleicht rechneten sie damit, ihm zu begegnen. Ich war froh, mit Alma allein zu sein, und nun endlich offen mit ihr reden zu können. Aber es war viel zu tun, die Fische brutzelten in der Pfanne, sie deckte in der Gaststätte Tische ein, entschuldigte sich bei den Anglern, dass sie so lange warten mussten.

Zehner erzählte an der Theke von einem Mann, der Kiemen hinter den Ohren und Schwimmhäute zwischen Fingern und Zehen hatte: «Je älter der wurde, desto mehr Wasser brauchte der. Zuletzt hat er bloß noch in der Badewanne gelegen, weil er sonst erstickt wär.» Die Angler lachten über die Geschichte, ich stellte mir vor, dass sie stimmen könnte – vielleicht stimmte ja alles, was Zehner erzählte. Alma war in die Küche zurückgeeilt, wendete die Fische, musste achtgeben, dass die Haut nicht an der Pfanne kleben blieb. Dann trug sie das Essen für die Angler auf, sie hatte die Äschen mit Salzkartoffeln, Petersilie und grünem Salat angerichtet. Nachdem die Angler bedient waren, kochte sie das Essen für die Brückenarbeiter, Fleisch und Pommes frites. Als das Fett der Friteuse heiß war, schüttete sie die noch gefrorenen Fritten in den Korb, senkte ihn ins Fett, schloss den Deckel und widmete sich dem Fleisch.

Der Mittagszug aus Köln hielt, wie Reese feststellte, pünktlich am Bahnhof. In der fünften und sechsten Klasse des Gymnasiums – ich hatte noch keinen Nachmittagsunterricht – kam ich meist mit diesem Zug nach Hause, stürmte durch die Gaststätte, warf meine Schultasche in der Küche in eine Ecke und setzte mich hungrig an den Küchentisch. Mutter oder Alma gaben mir vom Essen, das die Gäste übrig gelassen hatten.

Nun kamen die Brückenarbeiter zum Essen. Salm und Knuppeglas betraten die Gaststätte, setzten sich an die Theke. Alma eilte mit Tellern und Schüsseln in die Gaststätte. Die Arbeiter unterhielten sich am Tisch über den Zustand der Brücke, meinten, dass unsere Brücke baufällig sei, aber nicht abgerissen werde, weil die Stromversorgung und die Gasleitungen unter der Brücke hindurch auf die andere Seite der Stadt verliefen. Knuppeglas schimpfte, dass man das alte Ding besser in die Luft sprengen solle, statt Geld für eine Reparatur rauszuwerfen. Wenn er Geld hätte, viel Geld, dann hätte er den Eifeler Hof samt Brücke in die Luft gejagt, den ganzen Ort hätte er weggesprengt.

«Die Brücke», schrie Zehner, «hat uns damals gerettet, beim plötzlichen Tauwetter mit Regen ist der ganze Schnee abgegangen.» Ich kannte diese Geschichte, erinnerte mich, dass sie oft erzählt worden war, früher, wenn ich als Jugendlicher hinter der Theke stand und bedienen musste. Die Leute hatten von Eismassen berichtet, die sich durch das Tal herangewälzt, doch denen die Brücke standgehalten hatte.

In einer Nacht hatte sich das Eis im Fluss gelöst. Mit Getöse trieben im Dunkeln gewaltige Eismassen heran. Die Brücke bebte und wankte, der Fluss staute sich innerhalb weniger Minuten, das Wasser trat weit über die Ufer. Die Menschen schreckten aus dem Schlaf, Wasser drang in die Wohnungen und Ställe, das Vieh stand bis zum Kopf im

Wasser, man hatte Mühe, es loszubinden, um es zu retten, Kühe schwammen aus den Ställen hinaus, wurden von großen Eisschollen unter Wasser gedrückt, zahlreiche Hühner, Kälber und Schweine ertranken. Schuhe, Stiefel, Gerät, Vorräte, auch die Felle der Gerberei trieben herum, ein Kalb brachte man noch rechtzeitig auf den Heuboden, eine alte, seit Jahren krank liegende Frau schwamm in ihrem Bett auf dem Fluss. Das Eis wälzte sich durch die Straßen, spülte Misthaufen weg, stürzte Heuwagen um und trieb alles vor sich her, knickte hohe Pappeln um wie Strohhalme. Die Brücke wankte, wäre sie gebrochen, hätte die Flut den unteren Teil des Ortes, unsere Gaststätte und die Zehnermühle einfach weggerissen, kein Stein wäre auf dem anderen geblieben, wenn sie nicht standgehalten hätte.

«Alle Mann standen wir da oben auf der Brücke, versuchten mit Stangen und Spitzhacken die Eisschollen zu brechen», schrie Zehner und fuchtelte dabei mit den Händen in der Luft herum. Die Brücke hatte standgehalten. Am nächsten Morgen waren in einem Sonderzug Pioniere gekommen, hatten das Eis vor der Brücke gesprengt und den Fluss so wieder ins richtige Bett geleitet.

Nachdem die Bauarbeiter bedient waren, gab Alma auch mir etwas zu essen, stellte Kartoffeln, Äschen und Salat auf den Tisch und setzte sich zu mir. Währenddessen schwafelte Zehner an der Theke weiter, jetzt wieder von seiner Mühle, streckte seine Zunge heraus und versuchte, seine haarige Nase zu berühren. Alma sagte zu mir, dass der Getränkelieferant am Nachmittag kommen würde. Sie müsse noch die Zimmer fertig machen, einige Motorradfahrer und Angler hatten sich angemeldet. Sie ging zum Regal über dem Kühlschrank und holte ein Küchentuch heraus. Im Radio liefen gerade Nachrichten, dann spielte Musik, Lieder, die mir als Jugendlicher gefallen, Musik, wie wir sie gehört hatten, wenn wir nach der Schule auf den Felsen am Wehr saßen und kifften. Ich erinnerte mich, wie ich mit Alma nach dieser Musik eng umschlungen getanzt und Hermann auf seiner Klarinette gespielt hatte. Einige Zeit war er im Musikverein gewesen, bis er sich auch mit denen überworfen und nur noch allein für sich musiziert hatte.

Nachdem ich gegessen hatte, trocknete ich das Geschirr ab. Reese war in ihrem Stuhl eingeschlafen. Alma sagte, Reese brauche immer um diese Zeit ihren Mittagsschlaf. Sie nahm mir die abgetrockneten Teller und Schüsseln aus der Hand und stellte sie in den Schrank. Als ich nach der Holländerin fragte, antwortete sie, dass sie nicht darüber sprechen wolle.

Später wurde Bier angeliefert, und die Fässer wurden in den Keller gerollt. «Nach der Kirmes werden wir bezahlen», vertröstete Alma die Lieferanten. Früher waren die Kirmestage das beste Geschäft des Jahres gewesen. Im Saal gab es Tanzbälle, drei Tage wurde nur gefeiert, unsere Eltern konnten danach mit dem Verdienst den Verlust des ganzen Jahres wieder ausgleichen.

Es regnete nun so heftig, dass die Brückenarbeiter ihre Arbeit unterbrachen und in die Gaststätte zurückkamen. Der Ingenieur räumte Aschenbecher und Deckchen vom Tisch und breitete eine Zeichnung aus, erklärte den Arbeitern, dass bei einem Strömungspfeiler die Belastung bei Hochwasser besonders hoch sei und dass der Pfeiler näher

131

untersucht werden müsse. Jemand müsse auf den Plafond unter die Brücke klettern, wo die Versorgungsleitungen verliefen. Die Männer beugten sich über den Plan, der Ingenieur zeigte auf kritische Stellen, dann gingen sie zum Fenster und blickten zum Pfeiler. Der Regen hatte nachgelassen. Ein Arbeiter schlug vor, an einem Strick auf den Vorsprung des Pfeilers hinabzuklettern. Den Strick könne man an der Anhängerkupplung der Pritsche oben auf der Brücke sichern. Der Ingenieur war zuerst skeptisch, ging dann aber doch auf den Vorschlag des Arbeiters ein. Alma servierte ihnen Schnaps.

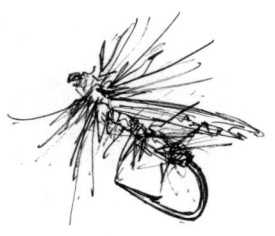

Köder: Alles ist Täuschung, nichts ist wahr. Fische verhalten sich
dieser Wahrheit entsprechend, sie wollen wohl getäuscht werden
durch etwas, das sie über alles begehren, seien es bunt schillernde
Facettenflügel, die Hechel, ein silberner Blinker, die Illusion eines
auf dem Wasser treibenden, verführerischen Insekts, das Glück.
Aber vielleicht täuscht der Fisch auch uns.

22

Als ich vor Jahren nach langer Zeit wieder von Hermann hörte, arbeitete er auf einem Frachtschiff. Ich erinnere mich, wie die erste Kassette von ihm ankam, für die ich mir dann einen Rekorder kaufte, um sie anhören zu können. Hermann beteuerte auf dem Band, dass er uns allen verziehen habe, dass er während der Jahre auf See viel Zeit zum Nachdenken habe, er schwärmte vom weiten, glitzernden Meer, dass es erhaben und sehr schön sei, er sich aber doch nach unseren Flüssen sehne, er berichtete von seiner Arbeit als Schiffsmechaniker, von der Passage durch den Suezkanal, von der Wüste, von kleinen ärmlichen Steinhäusern am Ufer, kurzen Aufenthalten in Häfen, Reparaturarbeiten am Schiff, dass er keine Zeit gehabt habe, Städte anzusehen, von einem Sturm mit haushoch heranrollenden Wellen, Monsunregen, der über das Schiffsdeck gepeitscht sei. Auch später schickte er immer nur Kassetten, nie Ansichtskarten, keine Briefe, keine Fotografien, weder von dem Schiff noch von den Ländern, in denen er gewesen war. Es gibt überhaupt nur wenige Fotos von meinem Bruder, er ließ sich ungern fotografieren. Einmal lag eine Zeichnung von einem Fliegenden Fisch der Kassette bei. Hermann hatte die Reederei gewechselt, fuhr nun auf einem großen Containerschiff, verdiente mehr Geld, arbeitete aber dafür nur noch unter Deck im Maschinenraum. Einmal hatten sie mit einem Motorschaden mitten im Indischen Ozean gelegen und auf Ersatzteile gewartet. Manchmal redete er auf den Kassetten auch vom Fluss, vom Angeln und unseren Fischen, fragte, ob ich mit ihm zum Fischen gehen wolle, wenn er wieder zurück sei.

Wie viel Wasser mag in dieser Zeit den Fluss hinunterge-
flossen sein, vielleicht genug, um ein Meer zu füllen, wie
viele Dinge sind in dieser Zeit geschehen, bestimmt genug
für ein ganzes Universum von Geschichten.

Ich spüre einen Ruck an der Schnur, muss mich jetzt ganz
auf den Fisch konzentrieren, darf an nichts anderes denken,
deswegen stehe ich ja schließlich hier. Ich atme einmal tief
durch, hebe die Rute an, bis die Schnur zwischen Rutenspitze und Fisch straff ist, halte sie so, dass sie deutlich Spannung hat. Dabei dringt der Haken hoffentlich tief in die
harte Maulpartie des Fisches ein. Es ist eine schwere Forelle, sie beißt nicht auf die Fliege, sondern sie saugt den ange-
botenen Nahrungsbrocken samt einem kräftigen Schluck
Wasser ein. Das Wasser strömt durch ihre Kiemen wieder
aus, die Fliege bleibt in der Mundhöhle zurück. Aber diesmal ist es mein Haken, der in ihrem Kiefer steckt. Die Forelle erschrickt, reagiert mit Flucht, ich lasse sie ruhig einige Meter ziehen, bis sie an einer ihr Schutz bietenden Stelle
steht. Dann nehme ich vorsichtig Kontakt auf, indem ich
die Schnur wieder verkürze, gehe gleichzeitig einige Meter
auf den Fisch zu, um die Distanz zu verringern. Mit der
Hand an der Schnur kann ich besser auf seine Befreiungs-
versuche reagieren. Als ich Kontakt mit ihm habe, versucht
er sich erneut in Sicherheit zu bringen. Ich lasse ihn ge-
währen, versuche, ihn aus dem tiefen Wasser zu bringen,
um ihn in einem hindernisfreien Bereich müde zu drillen.
Wenn ich ihn dort habe, werden seine Kräfte schnell erlah-
men, er wird sich in einem weitgehend wirkungslosen Ober-
flächengefecht verausgaben, wobei seine vordere Kopfpartie

manchmal aus dem Wasser gerät, was seine Atmung erschwert, wenn nicht gar unterbricht. Aber er scheint zu wissen, was ich vorhabe, wehrt sich, denn das ins Wasser getauchte Vorfach kommt plötzlich nach oben, was heißt, dass er jetzt springen oder sich an der Oberfläche wälzen wird, wodurch das Vorfach reißen und er mir entwischen könnte. Ich senke die Rutenspitze daher bis zur Wasseroberfläche, damit der nach oben gerichtete Schnurzug entfällt und er abtauchen kann. Und genau das macht er auch, er taucht und taucht, das Wasser ist an dieser Stelle bestimmt zwei bis drei Meter tief. Er findet Schutz hinter einem Fels, in einer kleinen Höhle unter dem Fels. Mein Gott, er wird mir entwischen, er ist mir überlegen – jeder große und erfahrene Fisch scheint mir überlegen zu sein. Ich werde es nie lernen, stehe letztendlich mit gerissenem Vorfach wie ein Trottel da, meine Hände zittern noch, während ich die Schnur einhole und wütend mit meiner Rute aufs Wasser schlage. «Mist, es ist immer noch wie früher, nichts hat sich geändert, aus mir wird nie ein guter Angler.» Jeder Fisch, der mir entwischt, schwimmt mit einem Stückchen von meinem Mut davon. Ich fühle mich völlig leer, denke daran aufzugeben, mich in den nächsten Zug zu setzen und nach Hause zu fahren, aber wo ist mein Zuhause?

Fliegende Fische *(Exocoetidae)* schwimmen dicht unter der Wasseroberfläche. Dann schießen sie aus dem Wasser und gleiten mit ihren Flügelflossen durch die Luft, landen ganz kurz im Wasser und schnellen dann wieder hoch. Fliegende Fische werden von großen Raubfischen und von Seevögeln gejagt. Sie legen ihre Eier an Wasserpflanzen ab. Die Jungfische haben zuerst noch kurze Brustflossen.

23

Als Hermann von der Seefahrerei nach Hause zurückkam, war Vater bereits gestorben. Er hatte nicht sterben wollen, am schlimmsten war, dass er sich so ans Leben klammerte und immer von diesem alten Fisch, Ichthys, sprach und ihm an allem die Schuld gab, er packte Mutters Hand, drückte sie fest und prophezeite unentwegt, dass wir alle von ihm gefressen würden: «Wer nicht liebt, wird gefressen.» Er hatte einen Hirntumor, bekam Morphium, fantasierte dann, dass der Fisch uns allen die Glieder abreißen würde. In den Monaten vor seinem Tod zog er sich oft in den Keller zurück, wo er in einem kleinen Verschlag apathisch in seinem Sessel saß. Er ging nicht mehr an den Fluss, es genügte ihm, im Keller sein Ohr an die nasse Bruchsteinmauer zu legen, an der das Wasser vorbeiströmt.

Einige Monate nach Vaters Tod hatte Mutter ihren ersten Schlaganfall, danach wurde sie vergesslich, die Gaststätte war bald heruntergewirtschaftet. Alle Haushaltshilfen kündigten nach kurzer Zeit. Mutter kam mit niemandem zurecht, aber auch nicht mehr allein. Die Schwestern wohnten, ebenso wie Alma und ich, schon lange nicht mehr im Hause.

Eines Abends stand Hermann in der Gaststätte, er war jetzt Mitte dreißig, trug einen Vollbart, hatte einen großen Seesack auf der Schulter, in dem sich kleine, ausgestopfte Alligatoren, afrikanische Holzfiguren und eine Kette für Alma zwischen seinen Klamotten befanden. Mutter erkannte ihn zuerst nicht einmal, so sehr hatte er sich verändert. Damals waren wir alle heilfroh, als wir hörten, dass er wieder aufgetaucht sei, die Gaststätte übernehmen und sich um

Mutter kümmern, den Betrieb wieder ordentlich führen wollte; es sollte so sein, wie es früher einmal gewesen war. Ich erinnere mich daran, in dieser Zeit einige Male mit ihm telefoniert zu haben. Er war enthusiastisch, hatte große Pläne und erkundigte sich nach Alma. Ich hatte lange nichts mehr von ihr gehört, wir wussten nichts von ihr, vielleicht war sie verheiratet oder lebte in Paris. Hermann renovierte von seiner gesparten Heuer die Gästezimmer, pachtete von der Gemeinde wieder den Fluss, kümmerte sich um den Besatz mit Fischen. Abends stand er auch noch hinter der Theke. Auf einer Kassette, die er mir in dieser Zeit geschickt hatte, ungefähr ein halbes Jahr nachdem er wieder zu Hause war, sagte er, dass Alma wieder da sei und sie heiraten wollten, wenn das Geschäft besser ginge – aber es lief nicht besser: Hermann musste wieder im Zementwerk arbeiten. Das Werk bezahlte auch Hilfsarbeiter gut, er verdiente dort mehr, als die Gaststätte einbrachte. Meist hatte er Nachtschicht. Wenn er morgens zurückkam, holte er für die paar Gäste die Frühstücksbrötchen bei Simons, half Alma beim Zubereiten des Frühstücks, danach ging er einige Stunden an den Fluss. Wenn er zurückkam, half er Alma wieder im Haus.

So vergingen fast zehn Jahre, ein großer, ruhiger Fluss voller Zeit. Hermann schickte mir weiterhin Kassetten. Die letzten Jahre lebten Alma und er nur mehr nebeneinander her, Hermann war wieder in ein Gästezimmer gezogen, Alma hatte andere Liebhaber, Salm, Siegmar, durchreisende Vertreter. Oft, wenn Hermann seine Kassetten besprach, saß er auf dem kleinen Balkon seines Zimmers über dem Fluss, ich hörte den Rauschen im Hintergrund. Ich glaube, er hatte niemanden, mit dem er reden konnte, der ihm zuhörte, vielleicht hat er deswegen diese Kassetten besprochen, so wie andere Leute Tagebuch schreiben oder malen. Mittlerweile hatte ich eine ganze Kiste davon. Auf einer Kassette spricht er von unserem mutmaßlichen leiblichen Vater, dem Perseus-Verkäufer, der in die Gaststätte gekommen war, an der Theke saß, die ganze Zeit nur vom Perseus redete, diesem seltsamen Wundergerät, das alles heilen könne.

Im Fluss stehend, warte ich auf Erinnerungen und einen großen Fisch, der anbeißt.

Als Mutter einige Jahre später ihren zweiten Schlaganfall erlitt, musste sie ins Stift – sie kam zu Hause nicht mehr zurecht. Ich erinnere mich, wie Hermann anrief und mich fragte, ob er sie dort unterbringen solle. Im Grunde war es mir völlig egal, ich wollte sowieso nichts damit zu tun haben. Hermann brauchte Geld für Mutters Pflege und die Unterbringung im Stift, ich schickte ihm etwas Geld. Auch als es mir beruflich schlecht ging und ich kaum genug für die Miete hatte, überwies ich ihm meinen Anteil, weil ich nichts damit zu tun, aber ein reines Gewissen haben wollte. So vergingen einige Jahre, in denen ich nichts von Hermann hörte. Hin und wieder schickte er mir Kassetten, die ich meist ungehört zur Seite legte. Nur wenn ich betrunken nach Hause kam, hörte ich sie, griff wahllos in die Kiste, steckte eine Kassette in einen Rekorder, warf mich aufs Bett und schlief ein. Manchmal wachte ich dann mitten in der Nacht auf, meinte, wie früher als Kind im Bett zu liegen, die Leute unten in der Gaststätte und den Rauschen zu hören.

24

Da die Felsen hier an beiden Ufern fast senkrecht aus dem tiefen Wasser ragen, muss ich den Fluss verlassen. Es gibt nur einen Pfad, der steil in den Wald hinauf und nach einigen hundert Metern wieder zum Ufer hinunterführt. Oben im Wald verschnaufe ich, blicke flussabwärts zum Zementwerk, das wie eine Burgruine in einer Talmulde liegt, sehe den hohen Turm des Kalkstaubsilos, in dem Hermann letztes Jahr während der Nachtschicht verunglückt ist. Niemand hatte geahnt, dass Hermann da unten tagelang im Staub lag und darin zu ertrinken drohte. Als Alma mich im Sommer letzten Jahres anrief und sagte, dass Hermann verschwunden sei, dachte ich wie die meisten, dass er wieder abgehauen und zur See gefahren wäre. Doch wie durch ein Wunder wurde Hermann aus dem Staubsilo gerettet. Er lag daraufhin einige Wochen im Krankenhaus und schickte mir eine Kassette, auf der er von seltsamen Dingen im Staub berichtete. Ich glaube, dass er sich von diesem Unglück nie mehr richtig erholt hat.

«Als ich im Staub lag, wusste ich nich, wo oben und unten war, wusste für einen Moment gar nichts mehr, bekam Angst zu ersticken, hatte den Mund voller Staub, musste aufpassen, dass ich nicht tiefer einsinke, ich konnt mich nich bewegen, mich nirgends festhalten ... es gab nichts zum Festhalten. Da war nur warmer Staub, ich konnt nich raus ... wie im Gefängnis ... wie sollt ich da auch rauskommen, es war stockdunkel, die Wände des Silos sind glatt, rund und zwanzig Meter hoch ... du kennst die Silos, Leo, hast ja selbst eine Zeit lang da gearbeitet. Als ich nach oben sah, wusst ich, dass ich da nicht hochklettern konnt, oben in der Mitte

*des Bodens sah ich das Loch, auf dem die Bretter gelegen hatten
und die jemand weggenommen hatte ... hätt nur meine Augen
aufmachen müssen – warum hab ich bloß meine Augen nicht auf-
gemacht. Wenn das Mehl nicht meinen Fall gedämpft hätt, ich
glaub, ich wär jetzt tot, so fiel ich ganz weich in den Staub und
sank ein. Als ich da unten lag, dacht ich, dass es zu Ende ist, ich
wusst nicht, was ich machen sollte, das Loch oben war unerreich-
bar, selbst wenn ich die zwanzig Meter an der glatten Wand hoch-
geklettert wär, hätt ich noch unter der Decke bis zur Mitte, zur
Luke kommen müssen, wie sollt das gehen, dafür hätt ich eine
Fliege sein müssen, die unter der Decke laufen kann. Ich überlegte,
wie ich rauskommen könnt ... konnt aber nich denken, mir fiel
nichts ein – dacht immer nur, ich würde im Staub ersaufen – es
hatte keinen Sinn zu schreien, niemand würd mich hör'n ... Leo,
du weißt, dass da keiner hinkommt. Ich schrie trotzdem, aber der
Staub dämpfte alles. Durch das Loch oben kam nur diffuses Licht
... nicht genug, um was erkennen zu können, ich sah nichts, nur
Staub ... Staub. Ich musste nachdenken, einfach überlegen, wie ich
da hochkomm ... Alle sechs Stunden kam jemand, um eine Probe
zu holen. Aber ich dachte, dass ich es so lang nicht aushalten werd,
hätt da schon ersticken können ... versuchte an die Wand zu kommen, dachte, da vielleicht Halt zu finden. Ich hab überlegt, ob
vielleicht irgendwo eine Leiter ist oder ein Moniereisen, das in die
Wand eingelassen ist. Dachte an meine Wasserflasche, die da oben
rumlag, und fantasierte, schrie, dass Vater sie wenigstens runter-
werfen solle ... Ich sah ein Gesicht, wie es durch das Loch guckte,
es war Strohwang, der den Becher für die Mehlprobe runterließ,
es mussten sechs Stunden vergangen sein. Ich schrie, Strohwang ...
Strohwang ... du weißt ja, dass er total schwerhörig ist, hatte keinen Zweck, warum kam auch ausgerechnet dieser Idiot. Dachte,*

dass ich vielleicht den Becher oder die Schnur zu fassen bekomm,
ich versuchte, ihn zu erreichen, und versank dabei im Staub.
Strohwang hatte den Becher längst hochgezogen und Bretter über
das Loch gelegt. Es war jetzt völlig dunkel, ich sah nichts mehr. Ich
dachte an Vater, hab gehofft, dass er oben sitzen, in seinen Büchern
lesen würde. Er hatte mir diese Stelle gezeigt, als wir noch zusam-
men im Zementwerk arbeiteten. Ich rief nach ihm, dacht, dass er
wirklich da sei, dachte, dass er mich unten im Staub verrecken
lassen würd, weil ich den Fisch nicht geangelt hatte. Ich schluckte
mit jedem Atemzug Staub, meine Lungen verklebten immer
mehr. Der Staub stieg höher und höher, ich redete die ganze Zeit
mit irgendwelchen Leuten, nur um nicht verrückt zu werden.
Vater tauchte in meinen Fantasien auf, er erzählte vom Ichthys,
weißt du noch, der Fisch, von dem er immer fantasiert hatte.
Irgendwann kam wieder jemand und ließ einen Becher runter. Ich
war fast schon im Mehlstaub versunken. Und dann hab ich ver-
sucht, was wir immer gemacht haben, ich breitete die Arme aus
und stellte mir vor, wie ein toter Mann auf dem Staub zu trei-
ben ... ich bildete mir ein, dass ich mit dir auf dem Fluss treiben
würde, aufs Rauschen zu, weißt du noch, Leo, wie wir's früher
immer gemacht haben ... aber dann kam der Fisch wieder, Ich-
thys. Ich glaubte, dass er um mich herumschwamm, immer engere
Kreise zog, dass er mich irgendwann verschlingen würde.

Als die Probe zum Labor gebracht wurde, fanden sie in der
Probe die Köderfliege von Paul Maclean, die Vater mir gegeben
hatte und die ich seither in einem kleinen durchsichtigen Schäch-
telchen aufbewahrte und immer bei mir trug. Sie muss mir aus
der Tasche gefallen sein, als ich ins Silo stürzte. Stell dir vor, Leo,
sie haben mich tatsächlich durch die Fliege von Paul Maclean aus
dem Staub gerettet.»

Der große Fisch *(Ichthys)* ist sehr alt, größer als ein ausgewachsener Mann. Seine perlmutterfarbenen Schuppen sind mit Flechten und Moos bewachsen. Auf diesen Schuppen, so würde Vater in seiner Chronik schreiben, sind alle Fische dieser Welt abgebildet, wie in einem Spiegel. Der große Fisch hat einen klobigen Kopf mit großen schwarzen, traurigen Augen. Vater schrieb, dass er ihn am Wehr gesehen habe, dort, wo sich auch die Zuflüsse der unterirdischen gefluteten Bergwerksstollen befinden. Er schwamm dicht unter dem Wasser, glitt in der Strömung zur Seite, machte dann in der Mitte des Wehrs Flossenschläge von vollkommener Gelassenheit, wie ein großer, dahingleitender Vogel hoch oben in der Luft.

25

Ich stehe in den Stromschnellen am Campingplatz, dahinter ist ein Rückstau, an den sich ruhiges Wasser anschließt, dorthin werfe ich meinen Köder, um Äschen zu fangen. Die Äsche bevorzugt den Auslauf schneller Strömungen, sie ist ein sensibler Fisch, der meist auf dem Grund steht und schwer zu angeln ist. Sie nimmt den Köder, wenn er in einem seitlich eng begrenzten Sektor auf sie zutreibt, sie steigt nicht nach rechts oder links, sondern nur nach vorne, oben und hinten. Die Länge dieses Sektors ist abhängig von der Tiefe, in der sie steht, denn sie steht nicht dort, wo sie den Köder nimmt, sondern lässt sich während des Aufstiegs rückwärts abtreiben und schwimmt dann wieder auf ihren Standplatz zurück. Wenn das Vorfach der Fliege ungünstig auf dem Wasser liegt, muss man damit rechnen, dass die Äsche die Fliege noch im letzten Moment verweigert. Gerade wegen ihrer Vorsicht sollte man die Äsche nur querüber oder stromab befischen, auf diese Weise lässt sich die Fliege am besten servieren, da sie der Vorfachspitze vorausgetrieben wird. Ich versuche, all dies zu beachten. Ich wundere mich, an wie viel ich mich von dem, was Vater und Hermann mir beizubringen versuchten, jetzt plötzlich erinnere, als könnte ich die Erinnerung aus dem unruhig glitzernden Wasser der Stromschnellen herausfischen.

Ich merke auch, wie sehr ich es genieße, allein zu sein. Hermann sagte immer, dass alle guten Angler allein fischen, er meinte damit wohl, dass das Alleinsein eigentlich einen guten Angler ausmache, nicht die Tatsache, dass er größere und bessere Fische fange. Kein Mensch könne lange allein sein, aber es gebe Dinge und Umstände, die es einem ermöglichten, eine gewisse Zeit allein zu sein, einer dieser Umstände seien der Fluss und Fische. Daher war Vater im Gegensatz zu Hermann kein wirklich guter Angler, denn obwohl er sehr viel über das Fischen wusste, konnte er doch nicht wirklich allein sein und verzweifelte schließlich auch daran. Für Hermann war das Alleinsein nie ein Problem gewesen.

Ich werfe den Köder so, dass er über das Wasser fegt, ohne es zu berühren, reiße die Schnur in einem großen Oval überm Kopf zurück, lasse sie flach flussabwärts ausrollen, wobei der Köder wieder und wieder übers Wasser fegt, halte die Rute hoch, neige sie, folge mit ihrer Spitze dem Köder, bis die Rute waagerecht zeigt und ich sie ausgestreckt halte, wo sie mit meinem Herzschlag zittert, alles ist bedächtig, gespannt, wie ein Reiher, der im seichten Uferwasser lauert. Dann biegt sich die Rutenspitze, ich weiß, dass eine Äsche angebissen hat, gebe eilig Schnur nach, folge der Äsche einige Meter, glaube, sie zu haben, glaube fest, sie zu haben, doch dann dreht sie sich plötzlich, springt, fast einen Meter schießt ihr glitzernder Körper aus dem Wasser empor, wälzt sich dabei in der Luft und taucht wieder ins Wasser zurück, das Vorfach gerissen, ich habe wieder verloren, bin geschlagen und weiß nicht einmal, was ich falsch gemacht habe. Es gibt Tage, an denen man kein Glück hat, an denen man einfach immer alles falsch macht.

Ich wate enttäuscht ans Ufer, laufe über eine Wiese, auf der Wohnwagen stehen, die das ganze Jahr über hier ihren Standplatz haben, an einem der Erlenstämme direkt am Ufer ist ein Punktrichter-Hochstuhl angelehnt, der irgendwie vom Tennisplatz hierhergebracht worden ist. An der

Campingschenke vorbei zum Schwimmbad führt ein Weg. Dort sind wir im Sommer als Jugendliche nachts heimlich durch ein Loch im Zaun gekrochen, auf den Zehnmeter-Sprungturm geklettert, haben oben auf der Plattform gesessen, uns unterhalten, geraucht, und manchmal sind wir durch die Dunkelheit, uns an den Händen haltend, ins Wasser hinabgesprungen.

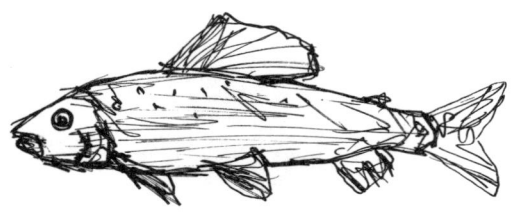

Die Äsche *(Thymallus thymallus)* ist listig und scheu. Um sie zu fangen, braucht es sehr viel Täuschungskunst und Geschick. Sie hat einen spindelförmigen, silbrigweißen Körper mit messinggelben Längsstreifen, schwarzen Flecken und eine fahnenartig ausgezogene Rückenflosse mit purpurnen Flecken. Ihr Kopf ist spitz, mit einer kleinen, etwas schrägen Mundspalte, als würde sie immerzu grinsen. Ihr Fleisch riecht nach Thymian. Sie liebt Flüsse mit klarem, kühlem Wasser und sandigem, kiesigem Grund.

26

Gestern Nachmittag ging ich immer wieder zu Hermann nach oben, stand vor seiner Tür, versuchte mit ihm zu reden, fragte nach der Holländerin, bat ihn, mir von ihr zu erzählen, sagte, dass ich sie gern kennengelernt hätte. Hermann antwortete nicht. Ich wurde wütend und trat gegen seine Tür, setzte mich schließlich resigniert auf den Flurboden. Irgendwann schlief ich ein. Ich wachte auf, als Alma den Motorradfahrern ihre Zimmer zeigte.

Ich kam zur Küche zurück und fragte Reese, die gerade aufgewacht war, nach der Holländerin. Reese zögerte, von ihr zu sprechen. Erst als Alma in der Gaststätte verschwunden war, begann Reese zu reden. «Ich weiß noch, wie die's erste Mal in die Gaststätte kam, barfuß ... tse, die lief immer barfuß, war aber ganz nett, anders als die meisten Kasköppe, die herkommen. Ich weiß nich, was die ausgerechnet an unserem Hermann gefunden hat.» Reese wusste, dass sie in einem Wohnwagen auf dem Campingplatz gewohnt hat. Das Frühjahrshochwasser habe ihn später überschwemmt und ein Stück den Fluss hinuntergetrieben. Hermann ging es nach seinem Unfall im Zementwerk wieder besser, er schöpfte neuen Lebensmut.

Als Alma die Küche betrat, verstummte Reese. Ich dachte daran, was Hermann auf der letzten Kassette von dieser Frau erzählt hatte. Er nannte sie Magda, redete davon, wie sie zum ersten Mal in die Gaststätte gekommen war. Zunächst sei er zu schüchtern gewesen, sie anzusprechen, habe sich später aber doch getraut, es sei ganz einfach gewesen, sie hätten sich gleich verstanden. Sie trug eine Sommerhose, ein rotes T-Shirt, am Hals hatte sie eine Narbe von einer

Schilddrüsenoperation. Sie war Lehrerin und daher zuerst nur in den Schulferien gekommen, später auch an Wochenenden. Im Sommer saß sie meist auf der Terrasse, hatte ihre Füße auf einen Stuhl gelegt, ihr T-Shirt ein wenig hochgerollt, sodass man ihren Bauchnabel sehen konnte, den Kopf in den Nacken gelegt, die Augen geschlossen. «Sie hat gesagt, dass sie so besser dem Rauschen zuhören könne», erzählte Hermann auf der Kassette. «Sie hat nur gelauscht, wie du damals auch, Leo. Ich habe nachts mit ihr zusammen im Zimmer oder auf der Wiese am Fluss mit ausgebreiteten Armen unterm Sternenhimmel gelegen.» Hermann klang glücklich, er zeigte Magda den Fuchsbau auf der anderen Seite des Eisenbahntunnels, wo wir als Jungen oft gespielt hatten, ging mit ihr zu den Eishöhlen, natürlich auch zum Fluss und brachte ihr bei, wie man angelt. Er erzählte auf der Kassette, dass sie sich Mühe gebe, aber ziemlich ungeschickt sei – wie ich damals. Dabei lachte er und schilderte, wie sie beim Angeln ins Wasser gefallen sei, ihre Wathose sich mit Wasser gefüllt habe und so schwer geworden sei, dass sie sich nicht mehr bewegen konnte. «Sie gibt sich so viel Mühe und interessiert sich für alles», begeisterte er sich. Dann sagte er, dass er nach unten in die Gaststätte müsse. Erst Monate später, im Winter, erzählte er auf derselben Kassette weiter, dass es eisig kalt und der Fluss bis zum Rauschen zugefroren sei, er redete von hohen Heizkosten, davon, dass es kaum Gäste gebe, nur ein paar durchreisende Vertreter. Hermann arbeitete seit seinem Unfall nicht mehr im Zementwerk, es kam kaum Geld rein. Er sagte, dass Magda bald komme, sie wollten zum Eisfischen und den großen Fisch fangen. Ich sehe ihn lächelnd vor mir, seine weißen Zähne, an einem Schneidezahn war eine kleine Ecke herausgebrochen, seine großen strahlenden Augen. Ich kann mir denken, was er damit meinte. Kurz bevor die Kassette zu Ende war und er sie mir schließlich schickte, versicherte er, dass er mich anrufen werde, wenn es gelinge. Aber er hat mich nie angerufen und nur noch diese letzte Kassette geschickt.

In der Gaststätte grölte Zehner, dass er bedient werden wolle. Er stand am Glücksspielautomat. Alma sagte, dass er immer warte, bis die Gäste ihr Geld verspielt hätten, sich dann an den Automat stelle und ihn weiter mit Geldstücken füttere, bis die Maschine alles ausspucke. «Der Aufsteller will den Automaten abholen, weil es sich für ihn nicht rentiert, Zehner holt immer alles raus.» Sie stellte mir Kaffee auf den Küchentisch und setzte sich zu mir.

Die Schwestern kehrten bald darauf vom Stift zurück, setzten sich zu uns und baten Alma, frischen Kaffee aufzubrühen. Die Jüngere holte einen kleinen Spiegel aus ihrer Handtasche, richtete ihre Haare und trug Lippenstift auf. Claudia sagte, dass Mutter sie zuerst gar nicht erkannt habe, fortwährend habe sie wieder nur von ihrer ersten, ach so großen Liebe Valentin gesprochen. Fotografien von Valentin, Alma und Hermann hätten in ihrem Zimmer auf der Kommode gestanden. Alma sei die Einzige, an die Mutter sich wirklich erinnere und nach der sie auch gefragt habe, auch an Vater habe sie sich nicht mehr erinnert. Dann wollten die Schwestern wissen, was mit Hermann sei. In diesem Moment betraten Märktler den Gastraum. Sie redeten darüber, dass es sich kaum noch lohne, den Markt zu besuchen, immer weniger Stände, weniger Kunden, nur Billigkram, den man heutzutage günstiger in jedem Ramschgeschäft in der Stadt kaufen könne.

Nachdem Alma die Märktler bedient hatte, kam sie in die Küche zurück. Der Vieruhrzug war eben hinter der Gaststätte im Stiftbergtunnel verschwunden. Die Schwestern fragten mich, was mit Hermann sei, ob er wenigstens etwas gesagt habe. Die Jüngere fragte sich, wie man nur so stur sein könne … Während wir noch redeten, schlurfte Reese durch die Küche, machte ihre Bemerkung über die Pünktlichkeit des Vieruhrzuges, blieb mitten in der Küche stehen, musterte uns der Reihe nach mit ihren verschmitzten Äuglein und zog dann einen grün schillernden Hahnenschweif aus ihrer Handtasche: «Für Hermann, für die Köderfliegen», sagte sie stolz. Die Schwestern machten Reese wieder am Küchentisch Platz. Auch Alma setzte sich nun zu uns, stippte ein halbes Brötchen in ihren Kaffee, biss ab, trank dann mit abgewinkeltem kleinen Finger einen Schluck und begann zu erzählen: «Letzten Monat, an einem Sonntagmorgen, als ich nach der Kirche wie immer die Gaststätte öffnen wollte, ist Hermann in seinem Zimmer geblieben, so hat das angefangen.»

«Hattet ihr Krach?», wollte die ältere Schwester schnippisch wissen. Alma schüttelte den Kopf, sie schien einen Moment zu überlegen, ob sie weiterreden sollte, dann sagte sie: «Die Gäste standen vor der Tür, trommelten dagegen und riefen, dass wir aufmachen sollten. Schließlich habe ich geöffnet, weil wir die Einnahmen doch brauchen. Später kam Hermann runter, betrank sich mit Schnaps, redete von diesem alten Fisch und las aus den Aufzeichnungen eures Vaters vor. Keiner hat ihn verstanden oder wusste, was er meinte. Sie lachten ihn aus. Dann beschimpfte Hermann die Gäste, wegen des Gebrülls sind immer mehr Leute reingekommen, die das alles nur für ein Spektakel hielten und sich über Hermann lustig machten. Die machten alle nur Witze über ihn. Danach ist er hochgegangen und fast nur noch im Zimmer geblieben. Er hat immerzu den Rauschen hören wollen, als gäbe es da eine Antwort drin. Wenn ich an der Tür lauschte, hörte ich ihn Selbstgespräche führen, mit Magda reden, aber die war gar nicht da … Vor einigen Wochen hat er sich Vorwürfe gemacht, dass er sie mit zum Eisfischen genommen hatte, ist am Fluss entlanggelaufen, hat nach ihr gerufen – auch nachdem man sie längst gefunden hatte, suchte er noch nach ihr. Ich habe ihm gesagt, dass sie selbst Schuld gehabt hat, dass er doch nichts dafür könne. Aber er machte sich Vorwürfe, redete davon, dass dieser alte Fisch sie verschluckt habe und dass er ihn fangen müsse, als würde die Holländerin davon wieder lebendig.»

Alma trank einen Schluck Kaffee und erzählte weiter: «Ich hätte viel früher den Arzt holen müssen – aber Hermann wollte ja nicht. Sein ganzes Zimmer war voller Köder, die er an der Tapete befestigt hat, mit Anmerkungen auf Zettelchen, Gläser mit Getier, ich kann euch sagen, das hat vielleicht gestunken. Er hat mich noch beschuldigt, ich wolle ihm seine Köder wegnehmen. Zuletzt lag er nur noch im Bett, wollte nichts mehr essen, starrte an die Zimmerdecke, wo die Spiegelungen des Flusses schimmerten, und redete immer noch mit Magda. Wenn überhaupt, dann kam er erst spätabends runter, schenkte Schnaps aus, niemand musste bezahlen, er redete immer wieder von dem alten Fisch und von Dingen, bei denen ich mich schämen musste. Wenn alle weg waren, brachte ich ihn wieder nach oben, wo er lange auf dem Bettrand hocken blieb. Seit vier Tagen hat er nun schon sein Zimmer abgeschlossen und verbarrikadiert, seit vier Tagen.»

Während Alma erzählte, stand ich wieder am Küchenfenster und sah zur Brücke und den Arbeitern hinüber. Einer schnallte sich gerade einen Sicherungsgurt und den Strick, dessen Ende zur Absicherung an der Kupplung des Pritschenwagens verknotet wurde, um den Bauch. Er kletterte über das Brückengeländer und wurde von den Kollegen zum mittleren Strömungspfeiler heruntergelassen. Einen Moment lang schwebte er mit ausgebreiteten Armen, wie an einer Angelschnur hängend, dicht überm Fluss. Als er auf dem vorstehenden Brückenpfeiler Halt gefunden hatte, ließen sie Seil nach, und der Arbeiter kroch vom Plafond aus unter die Brücke, wo die Gasrohre und Stromkabel verlaufen.

Als Kinder hatten wir von der Brücke geangelt, dort, wo das um den Pfeiler strömende Wasser zusammenfloss, bildete sich eine ruhige Stelle. Wir mussten, da die Verwirbelungen des Oberflächenwassers die Beute nach unten drückten, auf Grund angeln, das Vorfach mit Blei beschweren. Eigentlich war es verboten, von der Brücke aus zu fischen. Wenn jemand kam, rannten wir weg, Sartorius verfolgte uns mehrmals durch den ganzen Ort. Wir versteckten uns in Scheunen und Kellern, und Sartorius tat so, als würde er uns weiter jagen, in Wirklichkeit war es ihm nicht ernst damit, er hatte nur Räuber und Gendarm mit uns gespielt.

Der Arbeiter holte einen Schraubenzieher aus seiner Brusttasche, stocherte und kratzte damit am Eisenträger, fing mit der Hand etwas Rost auf, den er in ein Tütchen steckte. Dann kroch er wieder unter der Brücke hervor, stieß dabei mit seinem Helm gegen einen Träger. Der Helm fiel in den Fluss, trieb wie ein kleines Boot auf den Wellen und wurde von der Strömung auf die Hauswand der Gaststätte zugetrieben, strich an der Mauer entlang, sodass man ihn vom Küchenfenster aus mit einem Besenstiel hätte herausfischen können. Während der Helm wieder zur Flussmitte auf den Rauschen zutrieb, berichtete Alma, wie man die Holländerin gefunden hatte. Der Fluss war noch zugefroren. Kinder hatten eine Rutschbahn aufs Eis geschlagen. Sie nahmen Anlauf, schlitterten von der Brücke auf das Wehr zu, kamen jedes Mal einige Meter weiter, bis ihre Rutschbahn kurz vor dem Rauschen endete, der aber zugefroren und still war. Nur die Geschicktesten waren von der Brücke bis zum Rauschen geglitten. Einer stolperte und rutschte bäuchlings auf das Wehr zu. Mit ausgebreiteten Armen blieb der Junge liegen, wischte übers Eis, erkannte unter dem Eis eine dicke Hand, die etwas zu halten schien. Es waren, wie sich später herausstellen sollte, Neunaugen, die sich an der Hand der Frau angesaugt und festgebissen hatten. Der alte Zehner, Salm und Knuppeglas liefen mit Sartorius aufs Eis. Sartorius kratzte mit der Stiefelhacke ein großes Geviert in den Schnee, sperrte die Stelle ab, schlug ein Loch ins Eis und verbot jedem, näher an das Loch heranzukommen. Er selbst hockte vor dem Loch, als das Gesicht der Frau zwischen den Eisstücken sichtbar wurde.

Am Abend standen Scheinwerfer auf der Brücke, die zum Rauschen hinüberleuchteten, und die Frau wurde aus dem Eisloch gezogen. Die Fundstelle, ein Geviert von fünf mal

fünf Metern, war nun mit einem rotweißen Plastikband abgesperrt. In den nächsten Tagen taute es, die Eisenstangen
sanken auf den Grund, das Band trieb auf das Wehr hinaus
und blieb schließlich irgendwo flussabwärts im Ufergestrüpp hängen. Der Rauschen war wieder zu hören.

27

Ich trinke, werfe die leere Flasche in den Fluss, ihr Hals taucht nach einiger Zeit wieder auf und treibt langsam ab. Ich weiß nicht, ob ich weiterfischen soll, ob es überhaupt Sinn hat. Ich denke an Hermann, frage mich, was er jetzt wohl gerade macht. Gestern Abend haben sie ihn abgeführt und eingesperrt, als wäre er ein Verbrecher, eine Gefahr für die Leute. Aber ich glaube nicht, dass er für irgendjemanden eine Gefahr ist, außer vielleicht für sich selbst. Alma sagte, dass Hermann an jenem Tag, an dem er mit der Holländerin zum Eisfischen gegangen war, spät in der Nacht verwirrt nach Hause gekommen war, Fieber bekommen hatte und vor Erschöpfung zusammengebrochen war. «Das Fieber war so hoch, ich habe die ganze Nacht an seiner Seite gewacht und Wadenwickel gemacht, ich habe mich nur um ihn gekümmert, nicht um sein wirres Gerede», verteidigte sie sich.

Ich gehe über einen matschigen Kuhpfad zum Ufer, werde es weiter versuchen, werde nicht aufgeben, wate flussaufwärts gegen eine leichte Strömung, der Fluss wird mit jedem Schritt tiefer und ist bald zu beiden Seiten von hohen Erlen beschattet. Ich erinnere mich an ein Floß, das wir hier im Gestrüpp versteckt hatten. Hermann lag oft stundenlang bäuchlings auf dem Floß, blickte mit seiner Taucherbrille ins Wasser, sagte einmal, er sei ein Teil vom Fluss, alles, was je geschehen sei und geschehen werde, fließe durch ihn hindurch.

Was Hermann getan hat, scheint mir nicht mehr so schrecklich, vielleicht musste es so kommen, wenn er doch keinen anderen Ausweg mehr wusste.

Gestern am späten Nachmittag waren nur wenige Gäste in der Wirtschaft, die Schwestern wollten endlich nach Hause, sagten, dass sie nicht mehr länger warten könnten, dass sie den ganzen Tag sinnlos vertan hätten, fragten, wann denn Sartorius endlich käme.

Der Sechsuhrzug fuhr in den Bahnhof ein. Reese blickte vom Stricken auf. In der letzten Klasse vorm Abitur war ich oft mit dem Sechsuhrzug nach Hause gekommen. Der Zug war immer voller Menschen, die von der Arbeit kamen, ich erinnere mich, dass ich damals auf keinen Fall so wie diese Spießer hatte werden wollen. Ich wollte immer etwas Besonderes sein und war doch genauso geworden. Ich hätte genauso gut hierbleiben können, dachte ich, als ich am Küchenfenster stand und sah, wie die Pendler zum Parkplatz oder zur Haltestelle liefen, in ihre Autos oder in den wartenden Linienbus stiegen, der sie zu den Höhendörfern brachte. Die Arbeiter auf der Brücke räumten ihre Werkzeuge zusammen, trugen Bohrmaschinen und anderes Gerät zum Pritschenwagen. Einige sicherten den Kollegen unter der Brücke am Strick und zogen ihn nun hinauf, plötzlich ließen sie ihn, aus einer Laune heraus, bis zum Wasser hinunter und amüsierten sich, wie er mit den Schuhspitzen das Wasser berührte, zappelte und schrie. Die letzten Märktler schickten sich an, unsere Gaststätte zu verlassen, eilten zum Bahnhof, um noch den Zug zu erreichen. Renate sagte, dass sie jetzt nicht mehr warten könne, dass sie nach Hause müsse, redete wieder von ihrer wichtigen Arbeit im Büro.

Der Krankenwagen und Sartorius hatten nun vermutlich gerade die Wallenthalerhöhe erreicht, fädelten sich dort in den Feierabendverkehr ein, der in einem kontinuierlichen Strom von der Kreisstraße auf die Landstraße floss, kamen durch das Industriegebiet, an Computerläden, Getränkeshops und Supermärkten vorbei. Während sie über die Hüttenstraße am Bahndamm entlangfuhren, flackerte die Straßenbeleuchtung auf, und Sartorius wählte unsere Nummer. Knuppeglas und Salm hatten die Gaststätte betreten. Das Telefon klingelte. Alma bediente die beiden. Wir hörten, wie Knuppeglas sagte, dass sie noch eine Fuhre machen müssten. «Eigentlich ist's egal, die Viecher verrecken sowieso», schimpfte Salm. Claudia sprach nun mit Sartorius am Telefon. Die jüngere Schwester stand auf, um die Schiebetür zu schließen. Als sie sich wieder zu mir an den Tisch setzte, fragte sie, was ich davon hielte, wenn wir die Gaststätte verkauften.

Dann stand Mutter plötzlich in der Küche. Sie hatte sich, Gott weiß, wie, aus dem Stift hierherverirrt, ihre Haare und ihre Kleidung waren klatschnass, sie trug Pantoffeln und stand zitternd neben der Spüle. Sartorius fragte nach unserem Bruder, und als Claudia keine Antwort gab, sagte er, dass er in wenigen Minuten mit dem Krankenwagen eintreffen werde. Mutter war durch den Flur zum Treppenhaus gewankt. Meine Schwestern liefen ihr nach. Renate nahm Mutter in den Arm, drückte sie fest an sich und rubbelte mit beiden Händen über ihren Rücken, um sie zu wärmen. Aber Mutter wollte zu Hermann hinauf.

Als wir alle vor seiner Tür standen, betraten unten die Brückenarbeiter die Gaststätte. Niemand war da, um sie zu bedienen. Zehner redete von dem alten Fisch, den man fangen werde, einer sei dazu bestimmt, ihn zu fangen, er schrie es so laut, dass wir es bis ins Treppenhaus hörten. Claudia klopfte an Hermanns Tür, sagte, dass Mutter gekommen sei, auch Sartorius werde jeden Moment eintreffen. Sie rüttelte an der Türklinke, die Tür sprang auf, als wäre sie nie verschlossen gewesen, so als hätten wir den ganzen Tag über jederzeit zu Hermann hineingehen können. Im Zimmer hingen überall Angelschnüre, an der Tapete unzählige Köderfliegen, winzige Larven und Insekten, Käfer und Schmetterlinge. Es stank nach vergammeltem Fleisch. Auf dem Boden in Einweckgläsern wimmelten Maden, ausgebreitete Zeitungen, überall lagen Hermanns abrasierte Haare herum, Federn, leere Flaschen, Zeichnungen von Fischen. Hermann saß nackt auf seinem Bett, er hatte die Hechel aus schillernden Kragenfedern eines Hahns auf seinen rasierten Kopf geklebt, seine Lippen waren wie ein Fischmaul geschminkt. Die ältere Schwester lief schreiend über den Flur, setzte sich auf den Treppenabsatz, die Jüngere versuchte, sie zu beruhigen. Mutter setzte sich neben Hermann und streichelte seine Hand. Auf dem Tisch lagen Hermanns Geräte zum Köderbinden, sein Schulkatechismus, Vaters Notizhefte, eine Fotografie von Hermann am Flussufer, wie er stolz seine erste gefangene Forelle präsentierte.

28

Ich wate ein Stück durch knietiefes Wasser, sehe Sonnenfischchen, die im letzten auf dem Wasser glitzernden Licht
unter der Oberfläche umherwimmeln. Oft haben Angler an
der Theke davon geredet, dass Sonnenfischchen gute große
Fische angezeigt hätten, die sie dann tatsächlich heraushol-
ten. So groß wie die ausgestreckten Arme eines erwachse-
nen Mannes sollen die Fische gewesen sein. Ich habe dieses
Gerede nie geglaubt, ich hielt es für Anglerlatein, aber jetzt
folge ich den Fischchen, weil ich gar keine andere Wahl
habe. Sie schwimmen stromaufwärts, ich muss über morsche, ins Wasser gestürzte Bäume klettern, zwischen denen
sich verdorrtes Gras und Müll verfangen haben. Wenn ich
ihnen nicht mehr folgen kann, scheinen sie sich zu ver-
sammeln und auf mich zu warten. Doch dann sind sie plötzlich alle verschwunden. Die Sonne ist hinter den Uferbäumen untergegangen. Es dämmert. Nebelschleier schweben
überm Wasser.

Ich stehe frierend und verloren da, wie früher in der
Kindheit, wenn Vater und Hermann fischend weitergegan-
gen waren, ich alleine zurückblieb. Doch jetzt glaube ich,
am gegenüberliegenden Ufer im Tiefen, nahe der Haupt-
strömung, große Fische zu sehen, die sich im Ruhigwasser
postiert haben und lauern. Um ihnen einen Köder so dicht
wie möglich anzubieten, werfe ich schräg flussauf, ziehe
wieder zurück und versuche es immer wieder aufs Neue, bis
der Köder punktgenau und zart wie ein Federflaum an der
Grenze zwischen Haupt- und Rückströmung aufsetzt und
abwärtstreibt. Mit ruckartigen Zupfern führe ich ihn zurück, wobei er die Bahn der Fische kreuzt. Vielleicht ist der

alte Fisch unter ihnen, denke ich, glaube aber gleichzeitig, dass ich nicht mehr ganz normal bin, schon zu lange im Fluss stehe und zu viel getrunken habe. Dann sehe ich den Ichthys, so wie Vater ihn immer beschrieben hat, so wie Hermann über ihn sprach, als wir gestern sein Zimmer betraten, einen großen Fisch mit moosbewachsenen Schuppen, ein Wesen, das es gar nicht geben dürfte, das allein schon deswegen geangelt werden muss. Hermann jedenfalls sagte immer, dass er unbedingt gefangen werden müsse.

Als wir gestern Abend sein Zimmer betraten, redete Hermann nur von diesem Wesen. Mit seinem geschminkten Mund und der Hechel auf dem Kopf sah er wie eine komische Pappfigur aus einer Geisterbahn aus. Sartorius kam mit der Ärztin und zwei Krankenpflegern die Treppe hinauf. Hermann weigerte sich, mit ihnen zu gehen, die Ärztin gab ihm eine Spritze. Als das Medikament wirkte, versorgte sie die Schnitte, die er sich überall am Körper zugefügt hatte, und legte ihm eine Decke über. Hermann zitterte und zappelte wie seine Köder. Sie mussten ihn auf der Trage festschnallen. Er redete von dem seltsamen alten Fisch, den er fangen wollte; unentwegt redete er weiter. Die Schwestern weinten, sie verstanden das nicht, niemand von uns konnte das verstehen. Mutter stand neben den Schwestern, auch sie weinte, ich habe unsere Mutter nie zuvor weinen gesehen. Ein Pfleger blieb bei Hermann hinten im Krankenwagen, während der andere mit der Ärztin zum Führerhaus ging. Der Krankenwagen fuhr langsam die Bahnhofstraße hinunter, dann durch das Gewerbegebiet und weiter auf der Landstraße, die unseren

Fluss begleitet. Der Fluss, wie Vater sagte, ist das Einzige, das wirklich uns gehört, das ewig unser Erbteil sein wird.

Ich brachte Mutter mit Claudia zusammen ins Stift zurück. Renate lief zum Bahnhof, um noch den letzten Zug in die Stadt zu erreichen. Salm und Knuppeglas waren wieder zum Fluss gefahren, um für diesen Tag die letzten Setzlinge auszubringen. Als sie viel später am Abend zurückkamen, machte Alma Bratkartoffeln und Spiegeleier für die beiden.

«Vielleicht werden sie jetzt die Gaststätte ganz schließen», befürchtete Alma. Sartorius saß an der Theke. Er hatte Hermann zur Klinik gebracht und war danach nochmals zurückgekommen. Ich versprach ihm, mich um Hermann zu kümmern – aber ich war mittlerweile völlig betrunken, und wie immer, wenn ich getrunken habe, redete ich zu viel. Wie soll ich meinem Bruder helfen, ich komme kaum allein zurecht, und niemand weiß, ob Hermann überhaupt wieder gesund wird.

Das Sonnenfischchen oder Moderlieschen (*Leucaspius delineatus*) lebt in Schwärmen dicht unter der Wasseroberfläche und ist sehr scheu. Früher nahm man an, es würde aus dem Schlamm auf dem Grund geboren, deshalb Moderlieschen, oder aus dem glitzernden Sonnenlicht, weshalb man es auch Sonnenfischchen nannte. Es ist nur fingerlang, zart mit silbern glänzenden Schwanzflossen, sein Schuppenkleid ist hellgrün, silberweiß und durchscheinend. Die Mundspalte ist steil nach oben gerichtet, so als würde das Sonnenfischchen freundlich lächeln.

29

Gegen Abend stehe ich immer noch im Wasser, ich kann an dieser Stelle weite Strecken des Flusses überblicken, der in der Dämmerung wie eine geschliffene, spiegelnde Fläche erscheint. Während ich meinen Köder wieder und wieder auswerfe, vergesse ich alles um mich herum; alles, was je gewesen ist, vergesse ich, und es gibt nur noch den Fisch. Manchmal glaube ich, ihn zu sehen, Wallungen des Wassers, die scharfe Kante einer dunklen Rückenflosse, die sich kurz herausschiebt und wieder abtaucht. Vielleicht ist alles nur ein Hirngespinst, denke ich. Dann schert der Fisch blitzartig aus, schnappt meinen Köder, den er mit schnellem Tempo schluckt und womit er sich so selbst am Haken festmacht und fängt. Er zieht stromauf, ich gebe Leine nach, halte die Rute schräg nach oben gerichtet überm Wasser, sodass er die auf dem Wasser liegende Schnur mitziehen muss und gleichzeitig die gebogene Rute seine Schläge dämpft, damit er schneller ermüdet. Ich muss immer wieder Leine nachgeben und ihm folgen. Schließlich stehe ich dort, wo der Mühlbach in den Fluss mündet, wo ich am Morgen schon mal einen Fisch verloren habe. Die Schnur muss gespannt sein, wenn der Fisch einen Augenblick keine Spannung spürt, wird er ausreißen.

Mittlerweile sind Stunden vergangen, und es ist ganz dunkel geworden. Die Lichter der am Ufer stehenden Häuser schimmern auf dem Fluss, Autos fahren über die Brücke, die das Tal von einem Bergkamm zum anderen überspannt. Ich habe den großen Fisch noch an der Angel, ich will ihn fangen, keinen anderen als ihn, ich wünschte, dass Hermann und Vater jetzt bei mir wären, sie sehen könnten, dass ich etwas gelernt habe, mir Mühe gebe, ihn zu erwischen. Der Abendzug, in dem nur wenige Leute sitzen, fährt an unserer Gaststätte vorbei und verschwindet im Stiftbergtunnel. Der Fisch taucht jetzt. Ich versuche ihn zu drillen, zu ermüden, an der Flucht zu hindern, gebe ihm wiederholt Schnur nach, um sie alsbald wieder einzuholen. Währenddessen sehe ich Hermann als Jungen hinter der Theke unserer Wirtschaft, höre ihn sagen: «Fischers Fritz fischt frische Fische...», er produziert dabei ulkige, lispelnde Zischlaute, über die man sich amüsiert, weil er es einfach nicht richtig hinbekommt ... Ich liege mit meinem Bruder zusammen im Zimmer, wir treiben langsam mit ausgebreiteten Armen auf dem Fluss, hören Musikboxlieder aus der Gaststätte, sehen zu den Sternen, zum unendlichen Firmament über uns ... Alles, was je gewesen ist, treibt jetzt mit uns auf dem Fluss zum Rauschen hinunter.

Danksagung

Mein Dank gilt den Fliegenfischern Werner Berens und
Ralf Renell für wertvolle Tipps, Ulrike Erb-May, Monika
Alt, Martin Hielscher, meinen Freunden Katharina und
Dietrich Schubert, Erich Hermes, meiner geliebten Frau
Elvira und unseren beiden Kindern, Philomena und Eras-
mus, der sich trotz seines Studiums die Zeit genommen
hat, all die Fische zu zeichnen. Ohne die genannten und
viele andere Freunde wäre zweifellos diese Geschichte niemals so geschrieben worden. Mein besonderer Dank aber
gilt meinem Vater, für den dasjenige, was wir gemeinhin für
Wirklichkeit halten, immer der kleinere Teil unserer Existenz gewesen ist. So sind auch die in dieser Geschichte vor-
kommenden Landschaften, Städte, Dörfer und Flüsse nicht
unbedingt im realistischen Sinn identisch mit der Geografie
der Eifel, sondern sie sind ebenso, wie auch alle vorkom-
menden Personen, Teil einer fiktiven inneren Welt, die, so
hoffe ich, für manch einen, egal, wo er lebt, erkennbar sein
wird.